I0155145

VOYAGE AU SAHARA

Par NORBERT DOURNAUX DUPÉRÉ (1)

Rédigé d'après son journal et ses lettres

Par HENRI DUVEYRIER

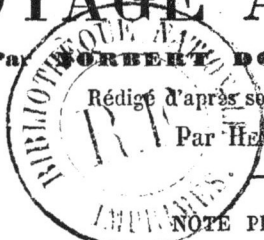

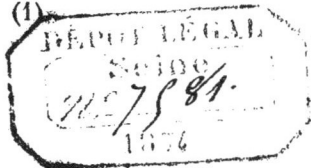

NOTE PRÉLIMINAIRE.

En publiant l'itinéraire que Norbert Dournaux Dupéré a relevé dans une partie jusqu'alors inconnue du Sahara, la rédaction du *Bulletin* a jugé que le meilleur texte qu'elle pût y joindre était un résumé complet des notes et observations d'un voyageur dont la Société de géographie regrette sincèrement la perte.

Ceux des manuscrits de Dournaux Dupéré qui sont sauvés maintenant consistent en ses lettres, et en une copie de son journal de voyage s'arrêtant au 9 février 1874, jour où il avait quitté le Bîr Tôzeri, puits sur la route de Tougourt à Ghadâmès. Ils renferment les observations scientifiques et le récit des rapports qu'a eus le voyageur avec les habitants du Sahara, ou des événements récents qui se sont passés au milieu de ces populations, et qui ont exercé une influence si fatale sur son propre sort. On a jugé qu'en prenant la place du courageux explorateur pour faire, aussi bien que possible, ce qu'il aurait fait mieux lui-même à son retour, c'est-à-dire pour classer ses notes et le contenu de ses lettres, il y avait lieu de donner séparément la correspondance qui traite de la situation politique, et qui montre les difficultés contre lesquelles il a dû lutter dès son arrivée dans le Sahara.

Il faut citer comme un exemple à suivre et louer, comme

(1) M. Norbert Dournaux Dupéré a été commis de la marine à Saint-Louis du Sénégal, puis instituteur à Frenda en Algérie. Il était né à la Guadeloupe, le 2 juin 1845.

1

elle le mérite, l'excellente idée que Dournaux Dupéré a eue d'envoyer en France la copie de la partie la plus importante de son journal. Grâce à la prévoyance de notre méritant et regretté compatriote, les fruits de sa peine et de son dévouement ne sont pas tous perdus pour son pays, mais ils parleront éloquemment aux géographes qui se rappelleront le nom de Norbert Dournaux Dupéré, longtemps après la mort des parents et des amis qui ont personnellement connu et apprécié l'homme.

La carte est dressée exclusivement avec les observations de Dournaux Dupéré. Sur son journal les distances sont exprimées en heures et minutes de marche du chameau. J'ai adopté, comme vitesse moyenne de la marche du chameau, 85 mètres par minute, chiffre que j'ai déduit de mes mesures de la longueur du pas du chameau et du nombre des pas qu'il fait par minute, et auquel on doit appliquer une correction variable, mais toujours en moins, pour les petits détours dans les dunes ou dans les montagnes. Dournaux Dupéré consultait sa boussole, suivant la nature des lieux, tantôt toutes les cinq, dix ou quinze minutes, tantôt, mais rarement, toutes les heures. Pour porter avec précision le tracé de l'itinéraire de Dournaux Dupéré sur une projection, il fallait connaître la déclinaison de l'aiguille aimantée, qui change, comme chacun le sait, suivant les pays. A défaut d'observations plus récentes, j'ai calculé les observations que j'avais faites à Berreçof, le 4 août 1860, sur Arcturus, avec une grande boussole à lunette montée sur un pied. Ces observations m'ont donné une déclinaison 21° 2' 31" ouest qui a servi pour transformer en azimuts vrais les visées de Dournaux Dupéré.

Le premier chapitre du texte donne les détails descriptifs sur le pays qui s'étend de Biskra à Bîr Tôzeri. Ce chapitre renferme aussi les observations sur la profondeur des puits et la température de leur eau, et les observations suivies qu'a faites le voyageur sur la répartition des espèces végétales dans les diverses contrées qu'il a visitées. Dournaux Dupéré écrivait les noms arabes des plantes qu'il voyait sur sa route; ces noms arabes, pour la plupart déjà identifiés à leur synonymes latins par mon herbier, dont les feuilles portent les noms vulgaires des plantes qu'ils enveloppent, ont permis de découvrir, presque toujours avec certitude, à quelles espèces se rapportaient les indications de Dournaux Dupéré. Le premier chapitre est clos par un tableau des observations barométriques et météorologiques faites par Dournaux Dupéré pendant son voyage. A Alger et en route, jusqu'à Tougourt, le baromètre métallique construit par Bréguet a donné au voyageur des indications concordantes avec celles des baromètres du système de Fortin qu'il trouvait dans les principales villes. Mais, dans les derniers jours du mois de janvier 1874, Dournaux Dupéré a trouvé, par des comparaisons faites à Tougourt, un écart moyen de $+ 2^{mm},25$ (tantôt $+ 2^{mm},00$, tantôt $+ 2^{mm},50$) entre les chiffres de son baromètre métallique et ceux du baromètre Fortin, construit par Tonnelot, qui est dans cette ville. A partir du mois de janvier 1874, toutes ses observations ont été corrigées en conséquence de $- 2^{mm},25$. Faute du temps indispensable pour se procurer des observations barométriques simultanées faites dans un port de la côte et pour procéder aux calculs, on ne peut pas encore donner la hauteur des stations. Cette lacune sera comblée par la suite.

HENRI DUVEYRIER.

I. — DE BISKRA A BIR TOZERI.

Norbert Dournaux Dupéré débarque à Philippeville dans le mois de novembre 1873, et part pour aller au Sahara. A son passage à Constantine, M. Isma'yl Boû Derba, interprète principal, lui communiqua les dernières nouvelles connues du Sahara central, nouvelles que des marchands d'In-Çâlah avaient apportées à Constantine. Il arriva à Biskra le 22 novembre. C'est là qu'il commença son voyage dans le Sahara et ses observations géographiques.

Le 1ᵉʳ décembre 1873, Dournaux Dupéré partait de Biskra par la route ordinaire de Tougourt, où il eut plus d'une occasion de constater les changements qui sont survenus depuis treize ans dans l'état des villages échelonnés sur cette route. A Chegga, il trouvait une maison à arcades sur la façade, construite entre les anciens bâtiments en torchis, maintenant délabrés, qui abritèrent les soldats pendant les travaux de forage. C'est dans la cour de cette maison qu'est le puits artésien de Chegga. Au milieu de la plaine, couverte d'une végétation spontanée de *Caroxylon articulatum*, il remarquait les traces d'essais de plantations de dattiers qui ont été abandonnées.

Plus loin, sur la route, après avoir dépassé le puits de Setîl, Dournaux put apercevoir, dans l'ouest, le Chott Melghîg. Il arriva ensuite à Koudîyet el-Dâr « la colline de la maison », ainsi nommée à cause du bâtiment qu'on a construit autour d'un nouveau puits artésien, et qui tombe en ruines.

Dournaux Dupéré entrait dans l'Ouâd Rîgh à Merhayyer, le premier au nord des villages de la province de Constantine qui ont pour habitants des hommes de la race noire saharienne. « Le village, dit-il, est construit en *tôb* ou briques de terre crue, et entouré de jardin de palmiers. Les petites rues sont tortueuses. Nous avons été reçus dans la maison du qâïd 'Amar Ben Khazâla ». Il décrit la maison du qâïd, « dont le plafond, en palmes, est soutenu par deux troncs de palmier, et dont la porte est aussi en planches du même arbre. Un tapis en sparterie, caché par deux tapis en laine, couvre le sol. » Le qâïd lui offrit un déjeuner composé d'un régime de dattes de la variété recherchée appelée *deglet-noûr*, de lait et de café, puis de *kouskousi*, ce mets fondamental des Arabes algériens.

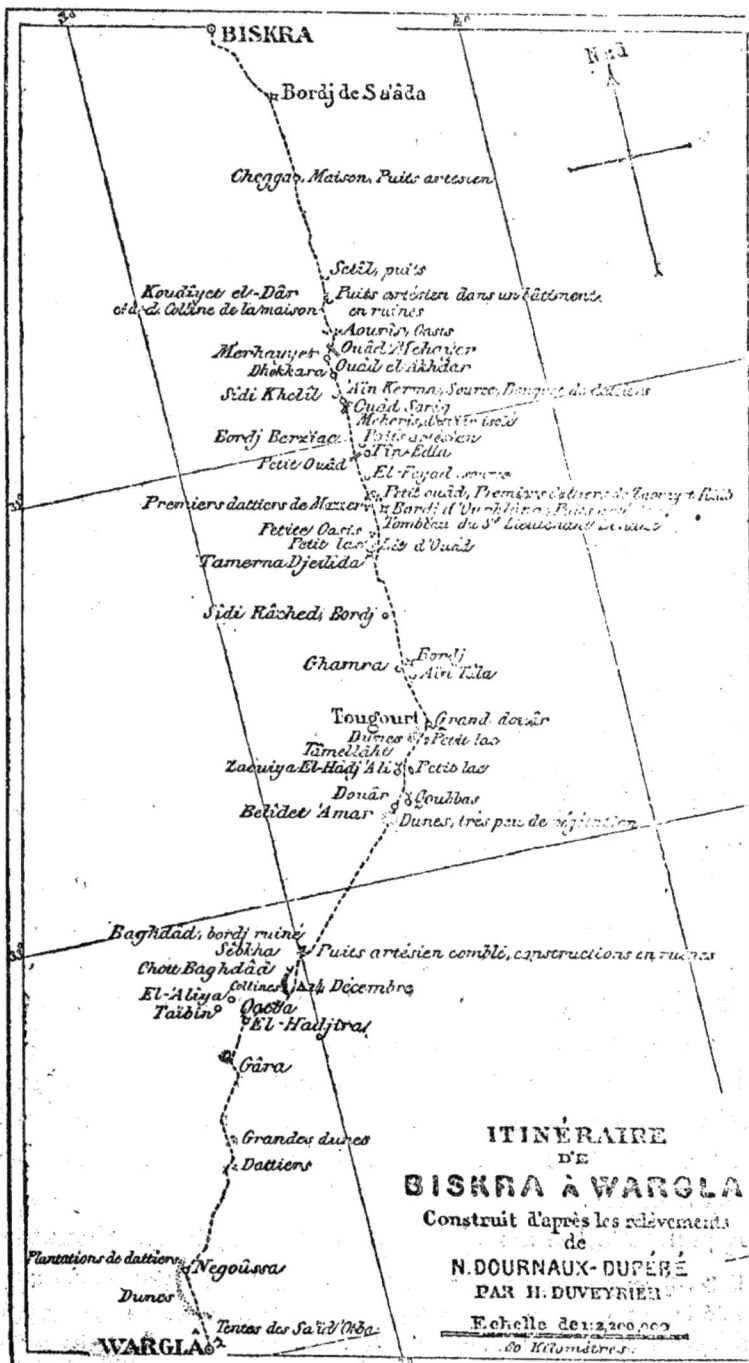

BISKRA

Bordj de Sa'âda

Chegga, Maison, Puits artésien

Setil, puits

Kouâiyet el-Dâr
Colline de la maison
Puits artésien dans un bâtiment
en ruines

Aouria, Oasis

Merhauyer
Dhakkara
Ouâd Mehavier
Ouâd el Akhdar

Sidi Khelil
Aïn Kerma, Source, Bouquet de dattiers
Ouâd Sarig

Mekeria, Dattiers, isolés
Bordj Berziac
Puits artésien

Petit Ouâd
Tin-Edla

El-Feyad

Petit ouâd, Premiers dattiers de Zaouy, etc.
Premiers dattiers de Mazzer
Bordj d'Umbhân, Puits artésien
Tombeau du S.t Lieutenant Douars

Petites Oasis
Petit lac, lac d'Ouâd
Tamerna Djedida

Sidi Râched, Bordj

Bordj
Aïn Tila
Ghamra

Tougourt
Grand douar
Dunes, Petit lac
Tamellâht
Zaouiya el-Hadj Ali
Petit lac
Douâr, Goubbas
Belidet 'Amar
Dunes, très peu de végétation

Baghdâd, bordj ruiné
Sebkha
Puits artésien comblé, constructions en ruines
Chott Baghdâd
El-'Aliya
Collines
24 Décembre
Taïbin
Qoçba
El-Hadjira
Gâra

Grandes dunes
Dattiers

Plantations de dattiers
Negoûssa
Dunes

Tentes des Saïd'Otba
WARGLA

ITINÉRAIRE
DE
BISKRA À WARGLA
Construit d'après les relèvements
de
N. DOURNAUX-DUPÉRÉ
PAR H. DUVEYRIER
Échelle de 1,200,000
60 Kilomètres.

Gravé chez Erhard.

Dessiné par J. Hansen

En sortant de Merhayyer, le voyageur passa sur un terrain où la végétation spontanée devient plus rare, mais où la vue se repose presque constamment sur des oasis qui se succèdent à l'horizon. A Sîdi Khelîl, village entouré d'un fossé où croupissent les eaux perdues des sources artésiennes, il décrit les maisons construites en pierre et en *tôb*, sur le même modèle que celles de Merhayyer. Il vit, plus loin, un caravansérail de date moderne, le bordj (1) Berziac, à côté duquel est un puits artésien entouré d'un mur circulaire. A Ourhlâna, Dournaux Dupéré ne manqua pas de visiter le petit monument qu'on a élevé à la mémoire du sous-lieutenant Lehaut, directeur des forages de l'Ouâd Rîgh, auprès d'un grand puits artésien, un entre tant d'autres que ce vaillant travailleur a creusés. « Un mur circulaire en pierres entoure le puits auprès duquel croissent quelques palmiers. Ourhlâna a maintenant un bordj construit en forme de rectangle bastionné ; le mur, haut de 4 mètres, est percé de meurtrières ; la porte, en planches de dattier, est au milieu de la façade est. A chaque extrémité est une chambre également à meurtrières. Au milieu du bordj se trouve une sâniya, c'est-à-dire un puits d'arrosage, abandonné, mais autour duquel on a récemment planté quatre dattiers. L'eau est à $2^m,50$ de profondeur. Il est, comme tous les puits dans l'Ouâd Rîgh, de forme carrée, et coffré avec des troncs de dattier. A Tamerna-la-Neuve, Dournaux Dupéré parle d'un autre bordj élevé sur une butte qui domine l'oasis. Il fit sa dernière halte avant Tougourt à Ghamra, petit village d'un aspect misérable, battu par les sables et entouré de dunes, qui, comme Sîdi Râched et les oasis déjà nommées, a aussi son bordj français.

A peine était-il arrivé à Tougourt, que, le 13 décembre,

_____

(1) Bordj, au propre, est une tour. Mais, en Algérie, les Arabes et les Français désignent de ce nom tous les caravansérails, toutes les maisons de commandement des chefs indigènes de même que les forts, construits les uns comme les autres en forme de rectangle

Dournaux Dupéré partit en compagnie du qâdhi d'Ouarglâ, 'Amar, pour aller à cette ville. Il passa, sans s'y arrêter, devant la zaouîya de Tâmellâht, près Temâssîn, où siége le grand vicaire de la confrérie du Tidjâni. Entre Temâssîn et Belîdet 'Amar, il trouva de nombreux *douâr* ou camps composés de tentes des Arabes nomades qu'attiraient sans doute là le désir de recevoir les bénédictions du marabout Sîdi Mohammed el-'Aïd et de son frère Sîdi Ma'ammar, autant que le besoin de renouveler leur provision de dattes et de vendre leurs bestiaux, leurs laines et leur blé aux habitants de l'Ouâd Rîgh.

De Belîdet 'Amar, il prenait un chemin qui appuie dans l'ouest par El-Hadjîra. Il passait d'abord à travers les dunes de sable, où il notait les plantes les plus communes : l'*Athratherum pungens* P. B, l'*Anabasis articulata* Moq.-Tand., le *Traganum nudatum* Delile, et le *Limoniastrum Guyonianum* D. R. En approchant du bordj de Barhdâd, il vit ce fort qui est construit sur un monticule au nord-ouest de la route. Le puits artésien foré près de la sebkha de Barhdâd est comblé. Quelques bâtiments en ruines et des *Tamarix* verdoyants font distinguer l'endroit où on avait cherché la nappe d'eau ascendante. Bientôt Dournaux Dupéré descendait dans la plaine d'El-Hadjîra, et il coupait les dunes qu'on trouve sur la route avant d'arriver à cette petite ville. El-Hadjîra est bâtie sur une hauteur qui domine au loin la plaine, ce qui lui prête un aspect imposant. Vu du côté d'Ouarglâ, le site d'El-Hadjîra apparaît comme une gorge entre deux hauteurs, dont celle de droite est couronnée par la qaçba ou citadelle. Lorsqu'on va à Ouarglâ, on laisse l'oasis à droite. Deux autres oasis, celles de Taïbîn et d'El-'Alîya, se voient dans le nord-ouest et le nord-nord-ouest, à une distance égale de 6 kilomètres d'El-Hadjîra. La plaine, qui s'étend au sud, est couverte d'*Arthratherum pungens*, de *Traganum nudatum* et d'une autre plante appelée *halga* par les Arabes.

En s'engageant sur la hamâda qui sépare El-Hadjîra de Negoûsa, Dournaux Dupéré y rencontra le cheïkh de cette ville qui se rendait à Tougourt, et qui ne le laissa pas passer sans lui faire un présent de sucreries. Sur ce plateau, le voyageur observa un changement dans la flore : l'*Helianthemum sessiliflorum* Pers., l'*Anvillea radiata* Coss. et D. R. et un roseau, le *hiran*, remplacent les plantes qu'il avait précédemment observées dans les dunes.

Il arriva ainsi à Negoûsa, « ville fortifiée, dont les murailles garnies de tourelles sont en bon état et dont les dattiers s'étendent fort loin sur les dunes qui se trouvent devant la ville, du côté du nord-est ». Le lendemain 17 décembre, avant d'entrer à Ouarglâ, Dournaux Dupéré rencontra Si Sa'îd Ben Edrîs, frère de l'agha d'Ouarglâ, qui venait au-devant de lui entouré des trois cheïkhs des trois quartiers d'Ouarglâ et d'une vingtaine de cavaliers.

Une oasis comme Ouarglâ, dont la place est si considérable dans l'histoire, devait frapper le voyageur, aussi n'a-t-on ici qu'à copier le journal de Norbert Dournaux Dupéré :

« L'oasis d'Ouarglâ est allongée du nord-est au sud-ouest : la ville est bâtie au milieu des dattiers. Des trois quartiers qui la composaient il n'en reste plus que deux, ceux des Benî Ouagguîn et des Benî Brahîm, partisans des Français. Quant aux Benî Sisîn, de tout temps favorables à nos adversaires dans le Sahara, le quartier qu'ils occupaient, au sud de la ville, a été entièrement détruit par les ordres du général de Lacroix, en 1871, pour les punir de l'appui qu'ils avaient prêté à Boû Choûcha. Où s'élevaient, il y a deux ans, leurs demeures, s'étend aujourd'hui une vaste place. Les palmiers des Benî Sisîn ont en outre été coupés ou confisqués, et les membres du groupe, complétement ruinés, se sont dispersés dans toutes les directions à la recherche de moyens d'existence. Un certain nombre de Mekhâdema et de Cha'anba ont expié leur participation à la révolte par la perte de leurs palmiers, et actuellement près d'un tiers des palmiers de l'oasis feraient partie du domaine de l'État. Rattachée, depuis cette époque, à la domination française par la création d'un aghalik dont Mohammed Ben Edrîs, lieutenant de spahis, est le titulaire, Ouarglâ a subi une notable transformation. Le long fossé qui entourait la ville et qui contribuait à la rendre insalubre a été comblé, sauf un tronçon qui subsiste encore, mais pour peu de temps sans doute ; la qaçba, qui tombait en ruines, a été relevée et présente maintenant un fort bon aspect. Un mur crénelé, aux angles bastionnés, l'entoure ; un petit minaret la surmonte et sert de poste d'observation. Dans la qaçba, qui occupe le sud-ouest de la ville, réside l'agha et sa famille.

» A l'intérieur de la ville a été construit un grand marché dont les quatre côtés sont formés par des galeries à arcades, munies de banquettes maçonnées semblables à celles qu'on voit devant les portes de toutes les anciennes maisons de la ville. De plus, aux angles des rues et sur les principaux édifices d'Ouarglâ, de larges écriteaux bleus, du même modèle que ceux de Paris, portent écrits en lettres blanches les noms des principaux personnages qui ont été plus ou moins mêlés aux expéditions : porte de Gueydon, marché de Lacroix, rues de Chartres, Ben Driss (1). A Bâ Mendîl, environ à 5 kilomètres nord-ouest de la ville, l'agha a fait bâtir un vaste bordj sur un mamelon. C'est là qu'il passe la saison chaude avec sa famille et les spahis. Un puits de 30 mètres de profondeur est creusé à l'intérieur et donne une eau excellente. Au pied du bordj sont les jardins, dont la plus grande partie est occupée par des cotonniers qui donnent un coton très-fin. La récolte de cette année a été de plusieurs quintaux. D'autres carrés ont reçu les semences de différents légumes qui donnent, paraît-il, de forts bons résultats (2).

(1) Pour Ben *Edris.*   H. D.
(2) M. Dournaux Dupéré a noté à Bâ Mendîl deux plantes spontanées : le *Limoniastrum Guyonianum* D. R., et celle que les Arabes appellent *'agga.*

Tout en un mot révèle que, depuis deux ans, Ouarglâ est entré dans une voie nouvelle. Cette ville, qui dans le passé a eu une si grande importance dans le Sahara, peut-elle, sous notre impulsion, reprendre au moins une partie de son ancienne influence? Oui, sans doute, si nous persévérons dans la voie tracée par le général de Lacroix. »

Le 22 décembre, Dournaux Dupéré reprit la direction du nord, et à partir de Negoûsa jusqu'à Belîdet 'Amar, il traça un itinéraire plus direct, à l'est de sa première route.

A 500 mètres d'Ouarglâ il passa devant les tentes de la tribu des Sa'ïd 'Atba.

Une fois Negoûsa dépassée, la végétation se montra plus fournie : le *Limoniastrum Guyonianum*, le *Traganum nuda tum*, le *Suœda vermiculata* Forsk., le *gozzâm* en touffes, un *Tamarix* et le *Nitraria tridentata* Desf. la composent d'abord; puis c'est l'*Arthratherum punges*, le *Retama Rœtam*, l'*Helianthemum sessiliflorum*, l'*Anvillea radiata*, le *Zygophyllum Geslini*, le *marih*, arbuste semblable au *Retama*, le *Cornulaca monacantha*, le *Calligonum comosum*, l'*Ephedra alata*, le *Plantago albicans*, l'*Anabasis articulata*, l'*Arthratherum plumosum*, une *Euphorbia* (?) et le *rhalga*, le *rabia'* et le *'ajrem*, que le voyageur énumère par leurs noms arabes à mesure qu'il se rapproche de Belîdet 'Amar. — De nombreux troupeaux appartenant aux Cha'anba Boû Roûba paissaient sur la route.

Lorsque Dournaux Dupéré rentra à Tougourt pour organiser son départ définitif du Sahara algérien, il trouva dans cette ville cinq habitants de Ghadâmès qui vinrent, le 3 janvier 1874, lui faire une visite et lui proposer de le conduire à Ghadâmès par la route ordinaire du Soûf. Ces Ghadâmésiens lui apprirent que ceux des Touâreg qui se trouvaient en ce moment à Ghadâmès étaient les Imanghasâten, par conséquent les ennemis d'Ikhenoûkhen, et que les Orâghen, notamment Ikhenoûkhen et les siens, étaient à Rhât.

Dournaux Dupéré avait déjà alors abandonné le plan

qu'il avait conçu avant son arrivée en Afrique, d'aller directement d'Algérie à Timbouktou et au Sénégal, *en passant par le Ahaggar*. Il avait sans doute reconnu, vu la situation dans le Sahara, la nécessité de s'assurer un appui dans la personne d'Ikhenoûkhen, et, dans ce but, d'aller d'abord à Rhât pour s'entendre avec le grand chef des Orâghen.

Un négociant français établi à Tougourt, M. Eugène Joubert, chez lequel Dournaux Dupéré était descendu, s'était décidé, dans un but commercial, à faire la première partie du voyage avec lui. M. Joubert était allé au Soûf pour y choisir un guide et des chameliers. Il en revint le 8 janvier 1874, avec Ahmed Ben Zerma, qui avait accompagné M. Duveyrier dans son voyage chez les Touâreg. Dès le lendemain, il fut convenu entre M. Joubert, Dournaux Dupéré et Ahmed Ben Zerma, qu'ils partiraient tous les trois ensemble pour aller à Rhât. Ahmed Ben Zerma s'engagea à louer à Dournaux Dupéré cinq chameaux à raison de 150 francs l'un jusqu'à Rhât. Il s'engagea également à trouver les chameliers et un guide connaissant la route qui, partant de Tougourt, longe le lit de l'Igharghar jusqu'à Timâssanîn, et qui se confond ensuite avec celle suivie en 1858 par M. Isma'yl Boû Derba. Dournaux Dupéré devait payer le guide. M. Joubert et Ahmed Ben Zerma s'associaient pour faire le commerce avec Rhât. M. Joubert ajoutait un chameau pour porter ses marchandises, et emmenait un serviteur musulman qu'Ahmed Ben Zerma devait lui procurer. Ces préliminaires une fois arrêtés, le 14 janvier, M. Joubert et Ahmed Ben Zerma repartirent pour aller à El-Ouâd organiser les moyens de transport.

Après leur départ, Dournaux interrogea un Cha'anbî des Oulâd Zeïd, tribu des Boû Roûba, qui vivent au sud de Ouarglâ, et dont le qâïd a nom El-Besâti. Cet homme, Cha'ïb Bel-Madâni, était arrivé à Tougourt le 13 janvier, porteur de correspondances. Dournaux Dupéré résume lui-même les résultats de ses entretiens avec lui. Le Cha'anbî

donnait au voyageur des indications extrêmement dignes
d'attention, que confirmaient d'ailleurs les lettres de M. Duveyrier, sur la politique saharienne, reçues à ce moment
par Dournaux Dupéré. Voici le résumé fait par le voyageur
lui-même :

« Il est arrivé à Ouarglâ, il y a quelques jours (donc au
commencement du mois de janvier 1874), six Cha'anba venant d'In-Çâlah. Ils ont annoncé que (le chérîf chef des révoltés) Boû Choûcha était parti d'In-Çâlah se dirigeant vers
l'est, dans l'intention de faire une rhazia. D'après Cha'ïb,
depuis la mort de Si 'Othmân, les Ifôghas reconnaissent
pour chef son frère El-Hâdj Ahmed, chef des Ahaggar, et
dont la résidence ordinaire serait Idélès. Les Ifôghas et les
Imanghasâten, de même que les Cha'anba dissidents, auraient embrassé la cause du chérîf, *ce qui me paraît peu
vraisemblable.* El-Hâdj Djabboûr serait le chef des Imanghasâten. *Son fils, venu il y a deux ans à El-Ouâd, serait comme
son père rallié au chérîf.* Il en serait de même des Oulâd
Mesa'oûd ou Tedjéhé-n-Esakkal, dont'Aati, le Târgui (1) tué
à Hâssi Târgui, était un des principaux. Afinguenân, qui au-
paravant était leur chef, est mort à El-Golêa'a il y a quatre ou
cinq ans. D'après cet informateur, Ikhenoûkhen aurait ac-
cepté une part des dépouilles de mademoiselle Tinné. Cha'ïb
Bel-Madani représente, du reste, tout le pays des Touâreg
comme profondément troublé et manquant absolument de
sécurité. — Il n'a pas vu de Touâreg depuis deux ans.

» Relativement à la route de Tougourt à la zaoûïya de
Timâssanîn, voici ses renseignements : Les puits de Matmât,
Seyyâl, Bey Çâlah, Metekki, El-'Aouîdef, Megarîn, El-
'Achîya ont de l'eau. Les puits de Hâssi el-Bakra, Bel-Hirân
et Bel-Hâdj n'en ont plus. En somme, cette partie de la
route est praticable. Le thalweg de l'Igharghar disparaît
souvent sous les dunes. Quant à la partie comprise entre

(1) *Târgui* est le singulier de *Touâreg.*

El-'Achîya et Timâssanîn, elle manque d'eau absolument. 'Aïn el-Mokhanza (1) serait desséchée, et du reste, l'eau qu'elle fournissait n'était pas potable. Les dunes présenteraient en outre des obstacles infranchissables à une cara-vane, les chasseurs ayant beaucoup de peine à s'y diriger.

» Il faut donc, d'El-'Achîya, se diriger vers 'Aïn el-Taïba par les puits d'El-Beyyodh (une journée), et Bel-Rhezâl, qui est éloigné de 'Aïn el-Taïba de deux jours. D'après cet informateur, El-'Achîya ne serait pas creusé dans l'ouâd même, mais situé à une journée de marche à l'ouest.

» Le chef des Taïtoq est Sîdi, fils de Garadji ; le chef des Tedjéhé-n-Esakkal est Chikat, fils d'Anfou, frère d'Aati, tué à Hâssi Târgui : son fils Atissi aurait un bon caractère. Les Kêl-Ahamellen n'auraient point de chef (?).

» Idélès est un village d'une centaine de maisons d'aspect misérable ; quelques palmiers, beaucoup d'orge et de blé. Chaque année El-Hâdj Ahmed récolterait de quatre cents à six cents charges de chameau de blé et d'orge ; il s'y trouve beaucoup de sources. Idélès serait à vingt jours de marche de caravane d'In-Çâlah, et à sept seulement de Rnât (2) ; il y vient beaucoup de caravanes, et quand le pays est tranquille, il s'y fait un certain commerce. Ce qeçar (terme employé par Cha'ïb) appartient aux Kêl-Rhelâ, mais il n'est habité d'une manière constante que par les mulâtres et les nègres. Les Touâreg nobles parcourent le pays environnant. Les moutons à poil, les chèvres et les chameaux y sont nombreux. El-Hâdj Ahmed possède quatre ou cinq chevau . — Entre In-Çâlah et Idélès, on marche tantôt en plaine, tantôt dans les montagnes ; il y a beaucoup d'eau.

» Cha'ïb Bel-Madâni a été à Idélès au printemps de 1872. Il y est allé avec une caravane qui, de là, est retournée à In-Çâlah. Quand lui et les autres Cha'anba y arrivèrent, El-Hâdj

(1) Ce nom se traduit par « la source pourrie ».   H. D.
(2) Cette dernière indication prouve que Cha'ïb Bel-Madâni n'avait jamais fait la route d'Idélès à Rhât.   H. D.

Ahmed leur demanda dans quel but ils venaient, et voulut les renvoyer. Cha'ïb répondit : « Quand ton frère le cheïkh 'Othmân est venu à Ouarglâ, il a été bien reçu, pourquoi n'agis-tu pas de même avec nous ? » El-Hâdj Ahmed les laissa tranquilles.

» Itinéraire suivi par Cha'ïb : -- Départ d'In-Çâlah. — Deux jours pour arriver au Mouydîr où l'on trouve une source, 'Aïn El-Hâdj el-Bekrî.— Deux jours après on arrive à 'Aïn Lochdor. — Un jour plus loin, 'Aïn el-Nakhla. — Trois jours après, Tegânt. — Deux jours, Khanga El-Hadîd, source que les Touâreg appellent Tiwonkenîn. — Deux jours, Mechera meta' el-'Aça, beaucoup d'eau. — Deux jours, El-Kharîs (Foumou Maik (?) des Touâreg), trois puits de bonne eau. — Un jour, Ouâd El-Arta, pas d'eau. — Un jour, Kilout, petit village appartenant aux Oulâd Mesa'oûd ou Tedjéhé-n-Esakkal, où il se trouve une dizaine de pal- . miers, et où l'on cultive l'orge et le blé. Longue colline appelée Koudîyet Oudâden. — Deux ou trois jours, à 'Ogla (1), eau. — Deux jours à Idélès, petit village situé sur le bord de l'Igharghar, qui s'y présente comme une véritable rivière. »

Le 1er février 1874 au matin, Dournaux Dupéré partit de Tougourt avec M. Joubert, Ahmed Ben Zerma, Naçer Ben Kîna (alias Ben El-Tâhar), Mohammed Bel-Kheïr, Cha'anbi, qui était le guide en titre de la caravane, et des chameliers. Il commençait, ce jour-là, un voyage de découvertes, car le cours de l'Igharghar, qu'il allait remonter, n'était tracé sur les cartes que d'après les indications données à M. Duveyrier par les indigènes : trois voyageurs seulement, M. I. Boû Derba, H. Duveyrier et G. Rohlfs, avaient traversé son large lit en trois endroits différents, et leurs relèvements avaient donné trois points d'appui aux infor-

---

(1) En arabe, 'ogla est une sorte de puits. Il est clair que Cha'ïb Bel-Madâni, étranger au pays et à la langue qu'on y parle, ne désigne pas toujours les lieux par leur nom exact.

mations des Touâreg et des Arabes. Les découvertes géographiques de Dournaux Dupéré allaient donc commencer à 10 kilomètres de Temâssîn !

Arrivés à la zaouîya de Tâmellâht, les voyageurs trouvèrent Sîdi Ma'ammar assis devant la porte, sous la voûte. Sîdi Ma'ammar, l'homme politique de la zaouîya, remit à Dournaux Dupéré deux lettres : l'une pour Koussa, chef des Ifôghas, et l'autre pour Khetâma, fils d'El-Hâdj Djebboûr, chef des Imanghasâten, et par conséquent héritier d'Eg Ech-Cheïkh, protecteur des voyageurs anglais et allemands, que nous trouvons être à ce même moment en lutte ouverte avec Ikhenoûkhen, l'ami des Français. En même temps, Sîdi Ma'ammar remettait, non pas aux voyageurs français, mais à leur compagnon Naçer Ben Kîna, une troisième lettre « *pour des personnes de Rhât.* » Sîdi Ma'ammar fit aussi un petit présent à Dournaux Dupéré : dattes, oranges (une rareté dans l'Ouâd Rîgh), fromage, lièvre rôti et petits pains sucrés. D'après les règles des usages chez les musulmans, Dournaux Dupéré devenait dès lors l'hôte des marabouts, le protégé de la zaouîya. Au bout d'un quart d'heure, les deux voyageurs français prirent congé de Sîdi Ma'ammar.

Le chemin que Dournaux Dupéré releva en distances et en directions, à partir de Tâmellâht, longe d'abord à l'est le bas Igharghar. La plaine sablonneuse sur laquelle marchaient les voyageurs est garnie de quelques touffes de *Limoniastrum Guyonianum*, de *Zygophilum Geslini*, d'*Anabasis* et d'*Euphorbia paralias*, petite plante verte à sève visqueuse. Il passa à l'est du village de Goûg, laissant l'Igharghar à l'ouest. La caravane française se croisa bientôt avec une autre caravane comptant douze chameaux chargés d'*Arthratherum pungens*, destiné à servir de fourrage et de bois pour la consommation des oasis de l'Ouâd Rîgh.

Dournaux Dupéré ne manqua pas de relever le gisement de la maison de Sîdi Boû Hânîya, construite sur la rive gauche de l'Igharghar. « Cette maison était autrefois entourée d'une forêt de palmiers qui aurait été enlevée par une inondation du fleuve. Sîdi Boû Hânîya avait quitté Temâssîn pour s'installer sur ce point. Il y mourut, et ses fils se retirèrent à Goûg. Aucune date. » — « Nous côtoyons l'Igharghar, que rien ne distingue du pays environnant. Les caravanes qui vont de Temâssîn à Matmât ont laissé de fortes traces sur le sol. Dans le lit de l'Igharghar, quelques palmiers à l'état de broussailles, et végétation plus dense; sur la route, *Retama Rœtam* en fleur, *Suœda vermiulata*, *Traganum nudatum* ». On indiqua à Dournaux Dupéré la source appelée 'Aîn Ben Mezîd, au pied d'une colline isolée, « gâra »; cette source donne de bonne eau. Pendant la marche, le guide cha'anbi Mohammed Bel-Kheïr dit à Dournaux Dupéré qu'on trouve l'eau en creusant à 5 mètres de profondeur dans le lit du fleuve. Après une marche de trois heures et vingt minutes, comptées du départ de la zaouîya, Dournaux Dupéré et M. Joubert entrèrent dans le lit de l'Igharghar, qui, à partir de ce point, sert de cadre à leur route. L'*Anvillea radiata*, l'*Helianthemum sessiliflorum*, le *Stipa tenacissima*, l'*Arthratherum brachyatherum* et l'*Arthratherum pungens* assurent un bon fourrage pour les chameaux dans cette partie de l'Igharghar.

Le 2 février, au départ, Dournaux Dupéré observa un banc de gypse à côté duquel croissent l'*Anabasis articulata*, le *Plantago ovata*, la graminée dite *goçeyba*, la *Cornulaca monacantha*, un *Tamarix*, et une malvacée, le *khobbîz* (1), représenté par de rares pieds de son espèce. Il passa à 2 kilomètres environ de 'Aîn Boû Semâha. Cette source, qui a 1 mètre de profondeur, donne de bonne eau en grande quantité.

Plus loin, un endroit dans l'Igharghar porte le nom spécial d'El-Mergueb, et on y observe de petits chardons appelés *chonouïk*. Le guide montra à Dournaux Dupéré, à 200 mètres à l'est, dans le lit du fleuve, que rien ne distingue

(1) *Malva parviflora* (?).

des terrains environnants, un endroit remarquable par les grandes proportions qu'y atteignent le *Limoniastrum Guyonianum* et le *Suœda vermiculata*. Cet endroit porte le nom de Haychet Oumm El-Zebeth. Dans la grande plaine sablonneuse que traverse la route, la végétation est très-abondante ; elle se compose de *Cyperus conglomeratus*, de *Stipa tenacissima*, d'*Ephedra alata*, de *Calligonum comosum* (1), plante qui se dépouille en hiver et porte des fleurs blanches au printemps, enfin d'une petite plante à odeur forte, le *chachíyet el-ibel*.

Dournaux Dupéré et son compagnon M. Joubert passèrent à côté de trois tentes des Oulâd Seïh, d'El-Hadjîra, tribu qui professe une dévotion absolue aux marabouts de Temâssîn, et qui est affiliée à la confrérie d'El-Tidjâni. Ils marchaient toujours dans l'Igharghar, et virent sur la rive est le puits de Mâleh El-Sa'ada, entouré d'une végétation abondante. On trouve dans ce puits une eau abondante mais salée, à 7^m,50 de profondeur.

Au nord de Lochdor apparaissent des pieds de *Calligonum comosum* et d'*Arthratherum brachyaterum*, graminée qui croît là en très-grande abondance. La plaine de Lochdor a un sol résistant, composé de gravier fin, que remplacent des sables à l'endroit nommé 'Erg el-Bâguel. Plus loin Dournaux observa une petite plante odorante, le *lerbiân* des Arabes, et une crucifère, la *harra*, qui peut appartenir aux genres *Matthiola*, *Diplotaxis* ou *Eruca*.

Les voyageurs laissèrent à 200 mètres dans l'ouest le puits de Matmât, tari depuis quatre ans. Mais si ce puits est maintenant inutile, celui de 'Ameyyich, creusé à 2 kilomètres plus à l'ouest, au milieu des dunes, donne beaucoup d'eau. Celui-ci a 4 mètres de profondeur. Les tribus des Cha'anba ou autres qui campent en automne à Matmât vont chercher de l'eau à 'Ameyyich. Dournaux

(1) Dournaux Dupéré écrit son nom arabe *harta*, mais la description qu'il donne convient parfaitement à *harta*.

2

Dupéré apprit que les Touâreg Ifôghâs qui vinrent à Matmât en 1862 avaient été chassés de leur pays par la séche-
resse, et qu'ils restèrent là près d'un an. Il trouva à Matmât
plusieurs troupeaux de moutons appartenant aux Cha'anba.

On commençait à apercevoir les deux ghoûrd ou montagnes de sable de Seyyâl et de Bey Çâlah, et la végétation
devenait très-belle, le *Stipa tenacissima* surtout était très-
abondant. Les voyageurs laissèrent à 1 kilomètre dans
l'ouest le noyau central des hautes dunes de Ketef el-Kelb.
Bientôt après ils découvrirent des chasseurs de gazelles em-
busqués avec leurs lévriers sur une butte, à droite du chemin. Ils entrèrent ensuite dans la partie basse des dunes de
Ketef el-Kelb, qui est couverte de *Stipa tenacissima*, et où
ils trouvèrent aussi le *tessekra*, plante épineuse rappelant
l'artichaut sauvage, et une petite plante à fleurs blanches
dont Dournaux Dupéré transcrit le nom arabe par *h'adida*.

Ici, Mohammed Bel-Kheïr dit à Dournaux Dupéré que
leur route passait entre deux ouâdi, l'ouâdi Ahmed Mîloûd
et l'ouâdi de Sîdi Boû Hânîya (Igharghar), venant tous deux
du sud, et aujourd'hui recouverts par les sables sur lesquels
marchaient les voyageurs. Les puits de Seyyâl et de Bey
Çâlah étant « morts » (1), c'est-à-dire comblés, ou naturellement taris, Dournaux Dupéré se dirigea sur le puits
d'Ahmed Mîloûd, creusé un peu à l'est de l'Igharghar, qu'il
côtoyait, et qui disparaît sous les dunes. La végétation est
abondante surtout en *Stipa* et en *Ephedra alata*. Arrivés à
la hauteur de ghoûrd Seyyâl, ces plantes sont remplacées
par le *Genista Saharæ*, espèce de genêt à fleurs jaunes, et
par le *Calligonum comosum*, qui prend les dimensions d'un
grand arbuste.

Dans l'après-midi, on laissa l'Igharghar un peu à l'ouest
et on campa de bonne heure dans le 'Erg, au milieu d'une

_____

(1) Cha'ïb Bel-Madâni avait donc induit Dournaux Dupéré en erreur
relativement à l'état des puits, car il lui avait dit que les puits de Matmât,
Seyyâl et Bey Çâlah avaient de l'eau.

abondante végétation, en avant du puits d'Ahmed Mîloûd. Dournaux Dupéré quitta le campement, en compagnie d'Embârek Ben 'Amâra et d'Ahmed Ben Zerma, pour aller au puits. Il eut une marche très-fatigante dans des dunes dirigées de l'est à l'ouest. Ce puits se trouve au milieu des grandes dunes qu'on avait aperçues dès la veille, dans la journée, et qui se prolongent au delà de Seyyâl, couvrant tout le fleuve qu'elles rendent à peu près impraticable. Du haut de la dune qui entoure le puits on aperçoit le ghoûrd double de Seyyâl et le puits dit Hâssi Bey Çâlah. Le Hâssi Ahmed Mîloûd est ainsi nommé du nom de son auteur. Il est garni d'un coffrage en bois de tamarix jusqu'à 1 mètre de l'orifice. Il mesure 1^m,54 de diamètre et 8 mètres de profondeur. L'eau s'y trouve à une profondeur de 7^m,20. A quatre heures vingt minutes de l'après-midi, la température de l'eau était de 20°,3. Quelques bergers faisaient boire des chameaux; au moment de retourner au camp, Embârek Ben 'Ammâra apporta un lièvre que venait de prendre un des lévriers appartenant aux bergers.

Les guides de Dournaux Dupéré lui apprirent plus tard que le puits d'El-'Aouîdef (qu'il écrit El-Aouadef) serait à un jour de marche à l'est-sud-est du Hâssi Ahmed Mîloûd.

Le mardi 3 février, en repassant devant le puits d'Ahmed Mîloûd, Dournaux Dupéré mesura la température de l'eau à huit heures du matin, et la trouva de 20°, observation qui indiquerait que les variations diurnes de la température du sol se font sentir ici, dans une faible mesure, à plus de 7 mètres sous la surface.

La petite caravane continua sa marche sinueuse dans les dunes, où toute la végétation consiste en quelques touffes d'*Arthratherum pungens*, et d'une grande plante verte, la *Moricandia suffruticosa*, très-aimée des chameaux. On rentra ensuite dans le lit de l'Igharghar, où Dournaux Dupéré observa des végétaux d'espèces plus variées et abondamment représentées : le *Lithospermum callosum*, l'*Anabasis arti-*

culata, l'*Ephedra alota*, la *Cornulaca monacantha*, le *Traga-num nudatum*, le *koukout* (apparemment identique au *kaïkout* ou *Erythrosticus punctatus*), le *halmet el-ghozál* (plantaginée?), le *gueçiba* en sont les plus remarquables. Le ghoûrd El-Metekki est en vue, dominant la vaste plaine sablonneuse et cependant verdoyante. On montre aux voyageurs le 'Oglet Embâreka, puits qui donne une eau mauvaise, creusé au pied de dunes allongées du nord-nord-est au sud-sud-ouest, et désignées sous le nom de Sioûf Embâreka.

Après une courte halte à ce puits, Dournaux Dupéré poursuivit son voyage dans de grandes dunes qui s'étendent au loin sur la droite et sur la gauche. Une de ces dunes est le ghoûrd Boû Gouffa. D'autres ghoûrds en perspective du sud-ouest au nord-est formaient un joli paysage. Le lit de l'Igharghar, qui sépare ces dunes, est couvert d'herbes qui, de loin, lui donnent une teinte noirâtre. Ici « le lit de l'Igharghar se distingue de l''Erg par sa couleur plus noire et sa végétation plus dense. Il forme une dépression que l'œil suit assez loin ». Les plantes remarquées par Dournaux sont l'*Arthratherum brachyatherum*, l'*Anvillea radiata*, le *Limoniastrum Guyonianum*, le *Stipa tenacissima*, le *Plantago ovata*, le *Genista Saharæ*. Elles poussent sur un sol gypseux. On s'arrêta, pour passer la nuit, dans le lit de l'Igharghar.

Le guide de Dournaux Dupéré et de M. Joubert, fidèle à une coutume qu'on peut observer dans le Sahara, partout où on redoute un danger, faisait arrêter la caravane à une certaine distance des puits; qui sont forcément des points de rendez-vous pour les brigands en course aussi bien que pour les voyageurs pacifiques. A peine eût-on enlevé aux chameaux leurs charges, que Dournaux alla, avec Ahmed Ben Zerma et Bel-Kheïr, chercher les puits d'El-Metekki.

Les deux puits d'El-Metekki, distants l'un de l'autre de 6^m,20, sont creusés dans un terrain gypseux, au pied d'un contre-fort méridional du ghoûrd El-Metekki, et à 50 mètres de la rive est de l'Igharghar. Le premier puits a 1 mètre de largeur et 2^m,35 de profondeur; il n'a pas de coffrage, et le niveau de l'eau arrive à 2 mètres sous le sol. A trois heures quarante minutes de l'après-midi, l'eau du puits était à la température de 12°,5. Cette eau est de bonne qualité. Le deuxième puits, large de 0^m,40, est garni d'un coffrage en bois de tamarix et en chaume d'*Arthratherum pungens* descendant jusqu'au niveau de l'eau, dont la température était de 17°. L'eau de ce deuxième puits d'El-Metekki est infecte, elle a un goût soufré et une couleur verdâtre provenant de la décomposition des herbes du coffrage tombées au fond du puits. A côté de ces puits on distingue les orifices de deux autres depuis longtemps comblés.

Dournaux Dupéré et Ahmed Ben Zerma partirent à quatre heures pour faire, dans l'intérêt des observations géographiques, l'ascension du ghoûrd El-Metekki, qui est au nord-ouest des puits. Ce ghoûrd, d'après un croquis dessiné par le voyageur, est une montagne de sable orientée nord et sud, couronnée par deux sommets pointus dont celui du sud est un peu plus haut que l'autre. Du côté de l'ouest on trouve un ghoûrd moins important qui s'étend parallèlement au premier et présente à peu près le même aspect, sauf que le sommet nord y est remplacé par une courbe beaucoup plus aplatie. Arrivé au sommet à cinq heures et demie, la différence de l'indication du baromètre, avec celle notée à la base, donna une hauteur relative de 55 mètres pour le ghoûrd El-Metekki. A environ 6 kilomètres à l'est, au pied d'un autre ghoûrd, est Bîr Sâlem, puits d'eau salée.

Le 4 février, par une belle et froide matinée, Dournaux Dupéré continua de remonter l'Igharghar; le lit de la vallée est ici couvert de hautes et larges touffes d'*Arthratherum pungens*. Il passa en plein dans l'est du ghoûrd Boû Gouffa, qui, avec le ghoûrd Boû Dahar, situé plus au sud, forment la rive gauche du fleuve desséché. Le terrain qui sépare ces ghoûrds s'appelle 'Erchân Kheïra. Il est couvert

d'une épaisse végétation. Un puits, creusé depuis cinq ans
par les Cha'anba, et contenant de bonne eau, est vers le
milieu de ce terrain, qui fait partie du fleuve. Au sud-ouest
on voit le ghoûrd Oumm Er-Roûs. On traverse ensuite un
terrain couvert de petits cailloux de grès, et bientôt se des-
sine dans le sud le ghoûrd Chegga, dont la forme est celle
d'un mamelon double, avec un intervalle de 100 mètres
entre les deux sommets. Le cours de l'Igharghar est en-
vahi par de hautes dunes que franchissent les voyageurs.
Dans ces dunes, la végétation, devenue rare, n'est plus représentée que par l'*Arthratherum pungens*, mais elle re-
prend une richesse relative dès qu'on est sorti de cet
amoncellement de sables mouvants. En poursuivant sa
marche, Dournaux Dupéré passa entre les deux mamelons
rocheux de Chegga qui laissent entre eux un intervalle de
500 mètres, rempli par de petites dunes, tandis qu'une
ligne de hautes dunes forme le bord droit (est) du lit de
l'Igharghar. Ici les chameaux se disputèrent de grandes
touffes de *Henophyton deserti*, plante d'un beau vert, à ce
moment couverte de petites fleurs violettes. Après ces
dunes, le lit de l'Igharghar s'élargit et devient une large
plaine couverte d'une épaisse végétation. Au sud-ouest on
voit le ghoûrd Bel-Hâdj, qui se dresse seul au-dessus de
l'horizon, et près duquel est un puits qui ne donne plus
d'eau.

Dournaux Dupéré entra ensuite dans une plaine large
de 100 mètres, à berges bien tranchées, dont le sol est
parsemé de fragments de grès et où croît beaucoup de
Traganum nudatum et de l'*Arthratherum plumosum*. Ce bras
du fleuve est séparé de l'autre par une sorte de longue gâra
de grès, haute et large de quelques mètres. Cette partie de
l'Igharghar présente bien l'aspect d'un fleuve desséché. Les
berges ont de 5 à 10 mètres de hauteur.

Les voyageurs firent halte, pour déjeuner, en un point
où la rive droite décrit une courbe formant, du côté est,

une baie demi-circulaire de 500 mètres d'ouverture. Après cette baie, le thalweg est de nouveau séparé en deux bras par une ligne de rochers de grès qui laisse entre elle et la rive gauche un intervalle de 100 mètres. Puis la rive droite forme une autre baie, moins profonde que la première, au commencement de laquelle est le puits de Megarîn, près du ghoûrd du même nom. Ce puits ne donne plus d'eau depuis l'automne de 1873. — Le sable superficiel recouvre une roche de grès; dans les dunes croît le *Calligonum comosum*. Plus loin encore, le ghoûrd Bel-Hâdj s'élève sur la rive droite du fleuve, et un puits est creusé un peu à l'ouest, dans le lit, au milieu d'une végétation de *Traganum nudatum*. Ce puits de Bel-Hâdj, actuellement comblé jusqu'à l'orifice, était maçonné en pierres et plâtre et avait 1 mètre de diamètre. Le chérîf Mohammed Ben 'Abd Allah venait de dresser ses tentes au milieu des arbustes voisins lorsqu'il fut pris par Sîdi Boû Bekr Ben Hamza, en 1862.

Au sud, l'Igharghar s'élargit et a près de 2 kilomètres d'une rive à l'autre. Là encore Dournaux Dupéré trouva un troupeau de chameaux sous la garde de quatre Cha'anba. Il campa au milieu d'une large dépression dans le lit du fleuve, en avant du puits d'El-'Achîya. Les voyageurs avaient marché pendant vingt-neuf heures et cinquante minutes depuis leur départ de Temâssîn. Dournaux Dupéré partit immédiatement avec les chameaux qu'on allait abreuver au puits.

« Le puits d'El-'Achîya est au nord-ouest, et à environ 1 kilomètre du grand ghoûrd El-'Achîya, qui sépare le fleuve en deux bras. Il a été creusé dans l'Igharghar, dans un terrain de grès friable, à une distance de la rive ouest qui est d'un cinquième moins forte que celle qui le sépare de la rive est. Il est au fond d'une large dépression où la végétation est très-rare, et entouré d'un petit parapet en terre, formant un cercle de 5 mètres de diamètre. Près du puits sont deux petites auges en maçonnerie pour abreuver les animaux. L'orifice du puits est protégé par de fortes branches de tamarix. Sa forme est un carré à peu près parfait. Ce puits se compose de deux parties : le diamètre est de 2 mètres jusqu'à une profondeur de $2^m,40$. A cette distance verticale est une plate-forme représentant la base de la section supérieure. Au centre de cette plate-forme s'ouvre la section inférieure, d'un diamètre beaucoup moindre, et longue de $4^m,30$. La profondeur totale est donc de $8^m,70$. L'eau, légèrement saumâtre, arrive jusqu'à 8 mètres du niveau du sol » ; Dournaux Dupéré la trouva à la température de $20°,5$ le 4 février, à cinq heures après midi.

Au nord-ouest du puits, et à environ 800 mètres, est un ghoûrd plus petit que le premier. L'Igharghar arrive du sud-ouest à El-'Achîya, après avoir passé près du ghoûrd Boû Serouâl.

Le puits d'El-'Achîya est assez fréquenté pour que de fortes traces soient marquées sur le sol. Des huttes en branchages et chaume d'*Arthratherum pungens*, à moitié détruites, avaient été construites par les bergers Cha'anba dont les troupeaux avaient erré dans ces parages les mois précédents. Bel-Kheïr dit à Dournaux Dupéré que ce puits est très-fréquenté par les Touâreg.

'Aïn El-Taïba est au sud-ouest vrai d'El-'Achîya. Sur le chemin qui y mène on trouve un puits : Bîr Rhezâl. Le puits de Bottîn, à deux journées sud-sud-est d'El-'Achîya, est profond de 18 mètres. Son eau, assez mauvaise au goût, a des propriétés laxatives. Entre ces deux puits, à une demi-journée d'El-'Achîya, se trouve le puits de Batboûl, creusé dans l'Igharghar à 8 mètres de profondeur, par les Cha'anba, pendant l'été de 1873. Le puits de Bel-Hirân est à deux jours au sud-ouest d'El-'Achîya; il ne donne plus d'eau.

Dournaux Dupéré a écrit, sous la dictée des Cha'anba, l'itinéraire qu'ils suivent lorsqu'ils vont d'El-'Achîya à Ouarglâ. Ils trouvent un puits de bonne eau, El-Mâleh, creusé par les Cha'anba en 1873, à une demi-journée de marche d'El-'Achîya. Une demi-journée plus loin est le puits de Boû Nemel, profond de 8 mètres, et créé depuis longtemps, qui donne de bonne eau. Lefa'aya est le nom du troisième puits ; eau bonne. Le quatrième puits, Semhari, est creusé dans l'Ouâd Semhari, à 8 mètres de profondeur. Le puits de Boû Roûba, qu'on trouve ensuite, serait, d'après Bel-Kheïr, à une journée de marche au nord-nord-ouest de Lefa'aya, et d'après Naçer, à l'est très-peu sud de Ouarglâ. Le puits de Kouif El-Lahm, creusé depuis quatre ans, à une journée de marche de Ouarglâ, a de l'eau saumâtre. On donne maintenant d'autres indications sur la route d'El-'Achîya à Ouarglâ, que Dournaux Dupéré reçut à Ghadâmès du Cha'anbi Mohammed Ben Qaddoûr. Suivant cet informateur, avec une caravane peu chargée, on fait en trois jours la route d'El-'Achîya à Ouarglâ, et on y rencontre quatre puits donnant de l'eau, savoir : El-Guettâr, Boû Nemel, Lefa'aya, Tarfâya.

Le jeudi 5 février, Dournaux Dupéré et M. Joubert continuaient leur voyage. Au bout d'une demi-heure de marche, ils voyaient la direction suivie par le fleuve, en amont de la dépression d'El-'Achîya où il débouche. Ils employèrent quarante minutes pour franchir la partie du lit de l'Igharghar qui s'étend du puits aux dunes qui bordent la rive droite. Arrivé sur le faîte de ces dunes, Dournaux s'arrêta pour contempler une dernière fois le lit du fleuve dont il venait d'être le premier Européen à relever le cours sur un cinquième de sa longueur totale. En aval, l'Igharghar forme une vallée large de 2 kilomètres, encaissée entre les dunes, et qui finit par disparaître dans la direction du nord-ouest. Toute cette partie de la vallée n'offre qu'une maigre végétation.

En route, Dournaux s'arrête pour dessiner un magnifique *Retama Rœtam* à double tronc, dont les branches ont plus de 6 mètres de hauteur, et qui, à ce moment, était tout couvert de petites fleurs violettes. D'autres arbres de même espèce et de mêmes proportions s'élèvent sur les dunes, que couvre une riche végétation de *Pennisetum dichotomum*, graminée à tige mince; de *Fagonia fruticans*, petite plante qui, au printemps, porte des fleurs jaunes et rouges, et de *Matthiola livida*, autre plante donnant de petites fleurs violettes. De temps en temps, les voyageurs français traversaient des terrains couverts de fragments de grès, où poussent de petites plantes, l'*Helianthemum sessiliflorum*, le *guelga'a*, sorte de chardon, et le *Calligonum comosum*.

La caravane fit halte, pour le déjeuner, dans un terrain de grès en voie de décomposition (1). Elle s'avança ensuite, serpentant entre les dunes, d'où Dournaux aperçut un puits d'eau saumâtre, le Mâleh Ben Merîzîg. Arrivée sur un plateau, elle y campa au pied d'un *Ephedra alata*, à une demi-journée de marche nord-ouest de Hâssi El-Bakra, qui est sur la plus septentrionale des deux routes de Ouarglâ à Ghadâmès, et qui ne donne plus d'eau.

Le 6 février, après une nuit assez froide pour former une croûte de glace de 2 millimètres d'épaisseur sur l'eau contenue dans un seau, Dournaux Dupéré partit. Il observa un phénomène rare dans le Sahara, la gelée blanche. — La route traversait toujours le plateau de grès pulvérisé; à gauche on voyait de grandes dunes, et à l'est, le puits de Mâleh El-Hadaou. Des *Megalotis Brucei*, petits carnassiers que les Arabes appellent *fenek*, avaient creusé de nombreux terriers sur ce plateau, où Dournaux signale la plante *harra*. Au sud-est s'élevait le ghoûrd Theleb; au sud le ghoûrd Mâleh El-Ouçîf, qui emprunte son nom à un puits creusé depuis un an. Ce plateau sablonneux est bordé des deux côtés par des dunes qui ont une direction de l'est à l'ouest. Dournaux Dupéré et M. Joubert passèrent

---

(1) C'est par la désagrégation sous l'influence atmosphérique des éléments constitutifs du grès des plateaux, que se sont formés et se forment les sables mouvants dans le Sahara.   H. D.

à 1 kilomètre nord du ghoûrd Theleb. Le long plateau uni
était toujours bordé par les grandes dunes de droite et de
gauche ; on y voyait de grosses touffes d'*Arthratherum pungens*, de *Genista Saharæ*, de *Cornulaca monacantha*, etc. Les
voyageurs firent halte avant d'en avoir touché la fin.

Le 7 février, ils entrèrent dans des dunes, argentées par
la gelée blanche, qui dépendent du ghoûrd de Dallâat El-
Dzîri, sous lesquelles se trouve un puits, sans eau à ce
moment. Arrivés au pied du ghoûrd, ils s'arrêtèrent penuant
quelques minutes pour donner à Embârek Ben 'Ammâra le
temps de chasser une gazelle. — Les dunes s'écartèrent de
nouveau, laissant un espace libre, mais bientôt après, la
route s'engagea dans les dunes de Tôzeri, de l'autre côté
desquelles on arriva à Bîr Tôzeri, après une marche effec-
tive de vingt heures et quarante minutes à partir d'El-
'Achîya.

Le puits désigné par le nom de Bîr Tôzeri a un orifice
carré, protégé par de fortes branches d'*Ephedra alata ;*
chaque côté du creux a 0^m,60. La profondeur totale du
puits est de 11^m,50 ; l'eau arrive à 10^m,50 du niveau du sol ;
elle avait la température de 22° à trois heures et demie
après midi. Bîr Tôzeri est creusé au centre d'une dépression, à environ 500 mètres au sud du ghoûrd Tôzeri, dans
un terrain de grès en décomposition ; une petite gâra voi-
sine est formée de gypse. Dournaux Dupéré trouva le puits
recouvert de branchages, précaution usitée sur les routes
peu fréquentées qui traversent le 'Erg, pour garantir les puits
contre l'ensablement par l'action du vent. Malgré cette précaution, Bîr Tôzeri se comble peu à peu ; l'année dernière,
il était beaucoup plus profond. L'eau avait une forte odeur
sulfureuse. — Dournaux Dupéré fit trois plantations d'Eu-
calyptus près du puits.

Bîr Tôzeri marque la séparation des terres de parcours
des Toroûd, pasteurs du Soûf, et des Cha'anba. — Au mois
de septembre 1872, une bande de Cha'anba révoltés et de

Touâreg Dokhnat (1), d'Aoulef, fondirent sur les troupeaux des Toroûd qui paissaient dans les environs, et leur enlevèrent trois cents chameaux. Pour se préserver d'une seconde *rhazia*, les Toroûd précipitèrent une chamelle dans le puits. Elle ne fut retirée que plusieurs mois après. Cette charogne était encore à côté du puits.

Les voyageurs s'arrêtèrent un jour à Bîr Tôzeri, et le 9 février ils continuèrent le voyage d'abord à travers de petites dunes, puis dans une plaine ou plutôt un grand plateau sablonneux. Plus loin ils passèrent entre des dunes et des ghoûrd nombreux, auxquels succédait un petit plateau verdoyant tout encerclé de hautes dunes où ils campèrent après une marche de cinq heures vingt-deux minutes.

La végétation est représentée là par de vigoureux pieds de plantes variées, parmi lesquelles dominent l'*Arthratherum pungens* et le *Cornulaca monacantha*. Le guide déclara à Dournaux Dupéré que ces dunes, quelque grandes qu'elles fussent, n'ont pas de noms qui servent à les distinguer entre elles. Cette pauvreté de la nomenclature sur cette partie de la route est bien digne d'être remarquée dans un pays arabe, où les chameliers et les bergers ont toujours un nom propre en réserve pour la moindre inégalité de terrain. Elle prouve que, depuis bien des générations, depuis la décadence de Ouarglâ, aucun intérêt n'appelle plus un trafic régulier sur la route de Bîr Tôzeri à Ghadâmès.

Ici finit la copie du journal de Dournaux Dupéré qui est arrivée en France. Le voyageur, qui n'avait pas eu le temps d'en achever la dernière partie au moment où il faisait l'envoi de Ghadâmès, indique seulement que de Bîr Tôzeri à Ghadâmès il marcha durant quatre-vingt-trois heures et quinze minutes. En retranchant de ce nombre les cinq

_____

(1) Cette tribu de Touâreg de l'Aoulef m'est inconnue. Son nom arabe prête à quelque doute. Il s'agirait plutôt des Ioulnhédjen, tribu de Touâreg qui vivent dans l'Aqabli, canton limitrophe de l'Aoulef.   H. D.

heures vingt-deux minutes de la journée du 9 février, on trouve que la partie manquante du journal de route jusqu'à Ghadâmès est de soixante-seize heures cinquante-trois mi-nutes de marche, qui, à raison de 85 mètres par minute, font 392 kilomètres. Mais, bien que nous possédions la lon-gitude et la latitude de Ghadâmès, la connaissance de la distance parcourue ne peut pas servir de contrôle pour le tracé qui est joint à cet article, car il reste une impor-tante inconnue, la part qu'il faudrait retrancher pour trans-former en une ligne droite la ligne brisée que décrit le che-min du voyageur dans une contrée où les hautes dunes l'obligent à de continuels détours.

II. — LES DIFFICULTÉS DU VOYAGE TELLES QU'ELLES RESSORTENT DES LETTRES DE DOURNAUX DUPÉRÉ.

Pour des Français, les voyages de découverte dans l'inté-rieur du Sahara et de la Sénégambie sont accompagnés des mêmes dangers que les voyages de découverte dans l'Asie centrale l'étaient, il y a peu de temps encore, pour les voyageurs anglais. Ces dangers identiques proviennent, ici comme là, de causes politiques et religieuses qui se con-fondent dans leurs effets. Une fois sortis hors de leurs possessions, il est aussi imprudent aux maîtres de l'Algérie qu'aux maîtres de l'Inde d'affecter le dédain et de demeurer passifs en face d'un fanatisme qui n'est plus tenu en res-pect par la crainte. Ce serait aussi commettre une grave erreur si on pensait qu'un voyageur chrétien et français, quel qu'il soit, puisse échapper aux conséquences qu'en-traîne le fait de sa nationalité, et se dispenser, dans le Sa-hara, de s'y occuper de politique, c'est-à-dire de scruter l'état des esprits et d'étudier les causes qui peuvent le modifier en bien comme en mal.

Les populations clair-semées sur la partie du Sahara qui sépare l'Algérie du pays des nègres, vivent rarement, sinon jamais, toutes en paix les unes avec les autres. Sans parler

TABLEAU

DES OBSERVATIONS BAROMÉTRIQUES, THERMOMÉTRIQUES ET MÉTÉOROLOGIQUES.

Ces observations sont données ici telles que Dournaux Dupéré les a faites. La température est prise au moyen d'un thermomètre tourné en fronde, et la pression atmosphérique avec un baromètre métallique construit par Bréguet. Ce baromètre, qui a marché d'accord avec les baromètres du système de Fortin, jusqu'à janvier 1874, a montré ensuite un écart régulier de $+ 2^{mm}$ à $+ 2^{mm},50$. A partir de cette date, on a, en conséquence, corrigé les chiffres barométriques de $- 2^{mm},25$.

LIEUX	Dates	HEURES	BAROMÈTRE	THERMOMÈTRE A L'OMBRE (1)	THERMOMÈTRE MOUILLÉ	ÉTAT DU CIEL NUAGES ET PLUIE	VENT	MINIMUM DE LA TEMPÉRATURE	TEMPÉRATURE AU SOLEIL
	1873 Nov.								
Philippeville, bord de la mer.	14	2 h. 15 min. s.	mm 755.50			B. T.			
Constantine, 2e étage, hôtel de Paris.....	16	1 h. 30 min. s.	704.40			T. couv.			
	20	?	709.10			T. couv.			
Batna, 1er étage, hôtel des étrangers....	21	9 h. 45 min. m.	677.10			T. couv.			
La Baraque, auberge......	22	11 h. matin.	683.70			Beau.			
Aux Tamarix, caravansérail..		1 h. 15 min. s.	693.80			Beau.			
El-Qantara, relai avant le pont de ce nom.		3 h. 15 min. s.	715.70			Beau.			
'Aïn El-Rhezâl........		5 h. soir.	728.20			Beau.			
El-Outâya...		6 h. 10 min. s.	738.80						
Biskra, hôtel Médan......		9 h. 45 min. s.	752.20						
	23	9 h. matin.		15		A demi-couvert.	N. O.		
		10 h. 5 min. m.		15o,6		Clair.	N. O.		
		2 h. soir.		20o,3		T. couv.	N. E.		
		5 h. soir.		20o		Beau.			
	24	8 h. matin.		16o,5		Beau.	N. E.		
		12 h. 30 min.		22o,6		Beau.			
		3 h. soir.		23o,5		Beau.			
	25	8 h. 30 m. mat.	760.80						
		12 h.		20o,1		Beau.			
		2 h. soir.		21o,1		Beau.			
		4 h. 15 min. s.		20o,1		Beau.			
	26	10 h. 15 min. m.	763.60	19o		Beau.			
		1 h. soir.		20o,1		Beau.			
	27	8 h. matin.		13o		Cirrus filamenteux.			
		10 h. matin.		16o,6		Cirrus.			
		1 h. 15 min. s.		20o,6		Cirrus.			
		4 h. 30 min. s.		17o		Cirrus.			
	28	9 h. 30 min. m.		17o,2		Pur.	N. viol.		
		11 h. 5 min. m.		19o,5					
		1 h. 30 min. s.		21o,2		Pur.	N. viol.		
		5 h. soir.		20o,6					

(1) Une astérisque devant le chiffre d'une température indique que le thermomètre était tourné en fronde, au soleil.

LIEUX	Dates	HEURES	BAROMÈTRE	THERMOMÈTRE A L'OMBRE	THERMOMÈTRE MOUILLÉ	ÉTAT DU CIEL NUAGES ET PLUIE	VENT	MINIMUM DE LA TEMPÉRATURE	TEMPÉRATURE AU SOLEIL
	1873 Nov.								
Biskra, hôtel Médan	29	9 h. 30 min. m.		17°,8		Pur.	N. O.		
		12 h. 30 min.		21°		Pur.	N. O.		
		1 h. 30 min. s.		22°,7					
		5 h. 30 min. s.		22°,2		Beau.			
	30	12 h. 30 min.		20°,8		Beau.			
		5 h. soir.		19°		Beau.			
Bordj de Sa'a-da............	Déc. 1	4 h. 20 min. s.	mm 763.20	15°,1					
Chegga......	2	Midi.	764.20	15°		T. couv.	N. fort.		
Setîl........	3	6 h. 45 min. m.	765.50	8°			N. E. f.		
Koudîyet El-Dâr, puits.....		8 h. 20 min. m.	768.50						
Merhayyer, village		Midi.	766.10						
		2 h. 30 min. s.		16°,2		C. à l'est.	N. O.		
		5 h, 15 min. s.	765.50			Brumeux.			
	4	6 h. 15 min. m	768.70	8°					
Sîdi Khelîl, village........		9 h. 15 min. m.	767.80	10°,3					
Oughlâna, le puits artésien..		3 h. 30 min. s.	765.60						
Oughlâna, le bordj.........		3 h. 30 min. s.	764.80						
Ghamra, le bordj	5	1 h. 55 min. s.	763.90						
Tougourt....	7	6 h. 40 min. m.		5°,05					
		1 h. 10 min. s.		14°		C. qques gouttes de pluie.			
	8								
Belîdet'Amar.	13	2 h. soir.	763.20					5°,6	
El-Hadjîra, le bas du village..	15	10 h. 30 min. m.	761.90						
El-Hadjira, le plateau central.		10 h. 30 min. m.	759.80						
Plateau nu...	16	6 h. 20 min. m.						1°	
Negoûsa.....		4 h. 15 min. s.	762.50						
	17	6 h. 25 min. m.						—1°	
Ouarglâ, la cour de la qaçba,		11 h. 20 min. m.	763.80						
		2 h. 15 min. s.		12°,5					
		6 h. 30 m. s.	762.00						
	18							2°,3	
		7 h. m.	760.30						
		9 h. 30 min. m.		9°,3					11°
		1 h. 15 min. s.		14°,7					17°*
		1 h. 40 min. s.	759.50						
		3 h. 45 min. s.	759.00						
		5 h. 40 min. s.	759.20						
		7 h. 30 min. s.	759.50						
	19							—1°,5	
		7 h. 40 min. m.	761.10						
		10 h. 30 min. m.	761.50						
		3 h. s.	759.60						
		7 h. s.	760.10						

(*) Thermomètre fronde perdu après cette observation.

LIEUX	Dates	HEURES	BAROMÈTRE	THERMOMÈTRE A L'OMBRE	THERMOMÈTRE MOUILLÉ	ÉTAT DU CIEL NUAGES ET PLUIE	VENTS	MINIMUM DE LA TEMPÉRATURE NOCTURNE	TEMPÉRATURE AU SOLEIL
	Déc.		mm						
Ouarglâ, la cour de la qaçba.	20	8 h. matin.	760.70					—1°,4	
Ouarglâ.....		midi.	759.90	12°,5					
		7 h. soir.	758.60					+5°,2	
	21								
		8 h. matin.	757.80			Couvert.	Nord.		
		10 h. 30 min. m.	758.20			Couvert,	Nord.		
		2 h. soir.	755.90			Couvert.	Nord.		
		3 h. 30 min. s.	755.70			Couvert.	Nord.		
		6 h. soir.	755.70			Couvert.	Nord.		
	22							5°,1	
		7 h. 30 min. m.	755.90			Cirro-cum. Pur.	Nord.		
Negoûsa.....		1 h. 40 min. s.	755.90						
En marche...	23	11 h. m.				Cum. sur la moitié N. du ciel.	Nord.		
Belidet 'Amar.	26	6 h. 30 min. m.				Nuageux, il a tombé pluie pendant la nuit.			
Temâssin, 1er étage de la zaouîya Tâmellâht.		8 h. 55 min. m.	759.40			Couvert.	Nord.		
	Janv 1874								
Plaine qui sépare Temâssin de Tougourt....	10	12 h. 25 min.	767.25	Froid.	10°,4	Couvert.		2°,7	
Tougourt....	11	1 h. 20 min. s.	760.55	11°,7				1°,8	
		6 h. 10 min. s.	761.15						
	12		761.65		10°,5			2°,6	
		1 h. soir.		11°,3					
	13		763.35					1°,8	
	Fév. 1	5 h. 45 min. m.	758.05						
Temâssin, devant la zaouîya.		8 h. 45 min. m.	757.05						
Igharghar, 1re station........		4 h. 25 min. s.		12°	7°,2			—1°,3	
	2	6 h. m.	756.55			Pur.			
Igharghar, en marche........		7 h. 50 min. m.		3°,2					
'Erg el-Bâguel, dans l'Igharghar...		10 h. 40 min. m.		8°,8					15°,5
		11 h. 15 min. m.							
Ketef el-Kelb, dans l'Igharghar..		1 h. 45 min. s.							15°,2
Sables au N. du puits d'Ahmed-Miloûd....		3 h. 40 min. s.		16°,5					
Hâssi Ahmed-Miloûd.........		4 h. 15 min. s.	755.05		9°		N.E.fr.		
Sables au N. du puits d'Ahmed Miloûd....		6 h. 30 min. m.	756.15			Pur.	Nul.	—2°,9	
Hassi Ahmed-Miloûd.......	3	7 h. 50 min. m.	757.25	2°,8					
El-Metekki, puits dans l'Igharghar......		3 h. 35 min. s.	755.05	13°	8°,7				

LIEUX	Dates	HEURES	BAROMÈTRE	THERMOMÈTRE A L'OMBRE	THERMOMÈTRE MOUILLÉ	ÉTAT DU CIEL NUAGES ET PLUIE	VENTS	MINIMUM DE LA TEMPÉRATURE NOCTURNE	TEMPÉRATURE DU SABLE AU SOLEIL	TEMP. DU SABLE A L'OMBRE.
	Fév.		mm							
Ghoûrd El-Metekki, son sommet.......	3	5 h. 30 min. s.	749.85			Strata d'un rouge grenat, à l'O., surmontés de cumulus noirs jusqu'à 90°; cirrus blancs au zénith.				
Igharghar, à l'ouest de Ghoûrd Boû Gouffa.........	4						Nul.	—0°,9		
Bel-Hâdj, puits dans l'Igharghar El-'Achîya, puits dans l'I-gharghar......		2 h. 35 min. s.	756.95							
		5 h. s.	757.45		8°	Cirrus gris au N. Rosée abon.				
	5	6 h. 50 min. m.	759.95					+2°		
Igharghar, sommet des dunes formant la rive droite (est).		7 h. 45 min. m.	757.45							
		11 h. 30 min. m.					Br. fr. de l'E.			
Camp sur un plateau dans les dunes.........	6	3 h. 10 min. s.	759.15							
		6 h. 15 min. m.	763.85			Pur; g. bl. croûte de gl. de 2mm s. le seau.		—1°,2	18°	1°,8
Camp sur un terrain uni entre les dunes...	7	3 h. 45 min. s.	762.35						18°	
		6 h. 30 min. m.	765.05			Cirrus allongés à l'horizon; gelée bl.		—0°,3		
Bîr Tôzeri...		12 h. 20 min.	764.15		8°				21°	
		3 h. 30 min. s.	762.65					—2°		
	8	7 h. 15 min. m.	761.55							
		8 h. 15 min. m.	761.85						17°,5	
		10 h. 20 min. m.	761.35						21°,5	
		2 h. s.		17°,7'						
		Coucher du soleil	758.75	5°						
	9	7 h. matin.	758.35				Frais de l'O.	+0°,3		
		8 h. 50 min. m.	758.55							
		10 h. 20 min. m.	758.95						16°,5	
		11 h. 30 min. m.	758.85			Pet. cirrus au sud.				
Calligonum comosum sur un petit plateau verdoyant au milieu des sables.....							Ouest faible.			
		5 h. s.	756.35			Pur.				
		6 h. 15 min. s.	756.45							

ici des luttes de race à race, qui se raniment de temps en
temps, et qui ferment les routes dans le pays qui en devient
le théâtre, on voit fréquemment sévir, dans le Sahara, des
luttes purement politiques, résultats de rivalités d'ambition, et se produire des actes de brigandage, fruits de la
convoitise, qui enlèvent toute sécurité aux voyageurs en
général; enfin les opinions religieuses d'adhérents aux
sectes nouvelles y créent les plus graves obstacles aux voyageurs chrétiens en particulier.

C'est ainsi que, dès son arrivée à Biskra, Dournaux
Dupéré, justement préoccupé de ces questions, entrevoyait
le trouble de la situation chez les Touâreg. Mais avant de
publier les passages de sa correspondance qui parlent de
cette situation, il convient de donner ceux qui ont trait à
un crime très-regrettable, qui se commettait près du Chott
Melghîgh, à la date de la première lettre de Norbert Dournaux Dupéré, écrite de Biskra, en faisant connaître d'abord
l'homme qui en fut la victime.

El-'Arbî Mameloûk, musulman, Piémontais d'origine, ancien officier de spahis, qui servait activement la France depuis plus de trente ans, fut, en 1871, nommé qâïd du Soûf,
oasis qui venait d'être profondément bouleversée pendant
l'insurrection. Dans son nouveau commandement, il avait
pris à tâche de réprimer les abus qui s'étaient glissés dans
les actes des chefs indigènes, et il avait entravé aussi l'action des quêteurs que la zaouîya de Tâmellâht envoyait
dans le Soûf pour y recueillir les offrandes des affiliés. Le
chef de la zaouîya répondit à l'attitude prise par El-'Arbî,
en faisant de l'opposition à son administration, ce qui valut
à Sîdi Ma'ammar des remontrances sévères de la part du
général Liébert lors de son retour d'El-Golêa'a. Le 24 novembre 1873, le qâïd El-'Arbî partit du Soûf, en congé,
pour aller confier ses enfants à son vieil ami M. Colombo,
l'excellent directeur de l'école arabe française à Biskra, et
pour placer dans cette ville sa fortune évaluée à une cen-

taine de mille francs. Après une marche d'une journée, il campa à Hâssi Ben Mellou, près du Chott Melghîgh. Le lendemain matin il fut assailli et tué, et sa fortune fut enlevée par des hommes qui se réfugièrent en Tunisie. En conséquence de cet événement, des cheïhs du Soûf furent arrêtés par l'autorité française.

Aussi, en arrivant à Tougourt un mois après, Dournaux Dupéré écrit-il (1) :

« J'ai trouvé réunis Ahmed Ben Zerma (2), Ahmed Ben Touâti et un autre cheïkh du Soûf, Hammou Ben Moûsa, convoqués à l'occasion du meurtre d'El-'Arbî. J'ai essayé de déterminer Ahmed Ben Zerma à m'accompagner au moins jusqu'à Rhât; il est assez disposé à entreprendre ce nouveau voyage, mais il met pour condition *sine quâ non*, ou à peu près, la même promesse personnelle du gouverneur de lui conférer la médaille militaire à son retour. Il m'a paru fort mécontent de ne l'avoir pas reçue à la suite de son voyage avec vous... Il est actuellement sous-lieutenant du goûm du Soûf, et ferait tout, je crois, pour obtenir cette médaille militaire, mais je ne puis pas faire une pareille demande au gouverneur, et je crains bien de ne pouvoir réussir à l'emmener avec moi. Il a du reste conservé de vous les meilleurs souvenirs, et m'a fortement engagé à le rappeler à votre souvenir. Je lui porterai votre lettre.

» Quant à Ahmed Ben Touâti, j'ai le vif regret de vous annoncer qu'il est en prison ici-même, l'enquête qui a été faite par le commandant supérieur de Biskra ayant démontré qu'il était le principal ou l'un des principaux instigateurs du meurtre d'El-'Arbî : il est en prison avec quatre des grands du Soûf sur lesquels pèsent les charges les plus

(1) Lettre du 27 décembre 1873, à M. Duveyrier.

(2) Ahmed Ben Zerma, sous-lieutenant des cavaliers indigènes du Soûf, l'ancien et très-fidèle serviteur de M. Duveyrier pendant son voyage chez les Touâreg, était très-apprécié d'El-'Arbî Mameloûk, qui l'avait connu par ce voyageur. Ahmed Ben Zerma aurait été impuissant à prévoir le complot.

graves. Je sais, d'autre part, et d'une manière positive, que
Sîdi Ma'ammar, frère de Sîdi Mohammed El-'Aïd, est grave-
ment compromis dans cette triste affaire… Il est considéré,
même par l'autorité militaire, comme l'instigateur du crime,
au moins autant que le cheïkh Ahmed Ben Touâti. Sîdi
Ma'ammar avait voué une haine mortelle au qâïd depuis le
jour où celui-ci avait fait destituer un cheïkh du Soûf protégé par Sîdi Ma'ammar, et auquel ce marabout avait promis toute sécurité tant que lui Ma'ammar serait vivant.
Voici les noms des assassins : El-Hamâïd, de la fraction
des Toroûd appelée Oulâd Djâma', 'Ali Bel Rey et Labbez,
tous deux de la même fraction, et Mohammed Ben El-
'Atrech, des 'Azâzla.

» Le qâïd a été tué dans la nuit du 24 au 25, à Sîf El-
Manâdi, point situé à l'extrémité sud du Chott Melghîgh et à
la hauteur de Merhayyer : trois de ses hommes ont été tués
à ses côtés pendant leur sommeil; son fils a été épargné.
C'est un enfant de onze à douze ans, actuellement à Biskra.

» Je ne pourrai vous dire que plus tard les conséquences
politiques de ce meurtre. On sait que la fraction d'Ahmed
Ben Touâti s'est rapprochée de la frontière tunisienne, où
elle attend la décision qui sera prise à l'égard du cheïkh.
Quant à ma situation personnelle, elle se trouve très-fâcheuse-
ment compliquée par ces événements, à ce point que, sur l'invitation expresse du capitaine du bureau arabe que je viens de
voir, je dois renoncer au voyage du Soûf que je me proposais
de faire dès demain, ainsi que je vous l'annonçais en commen-
çant ma lettre. Il est probable, me dit cet officier, qu'à El-
Ouâd je serais retenu comme otage par les partisans d'El-
Touâti et des grands de sa tribu emprisonnés avec lui. Je
voulais aller au Soûf pour y revoir Ahmed Ben Zerma et
tâcher de trouver des guides et des chameaux pour aller au
moins jusqu'à Timâssanîn. Je dois donc remettre ce voyage
à quelques jours au moins, et attendre que la situation
s'éclaircisse. J'attends ce jour avec impatience, car dans

l'état présent des choses, c'est seulement au Soûf que je
puis trouver des conducteurs pour arriver jusqu'aux Touâreg. »

On a vu que, dès les débuts, des soupçons s'étaient éle-
vés contre Sîdi Mà'ammar, lequel, vu la proximité de Temâssîn à Tougourt, ne put les ignorer longtemps. Rien
d'étonnant donc si, trois jours plus tard, Dournaux Dupéré déclare que le chef du bureau arabe de Tougourt est
alors très-mal avec Sîdi Ma'ammar, et que lui-même subit
le contre-coup de cette inimitié.

L'assassinat d'El-'Arbî Mameloûk n'était pas le seul indice
d'un ferment hostile au milieu des populations sahariennes
qui sont ou soumises à la France, ou en rapports avec
l'Algérie. Si cet événement récent privait Dournaux Dupéré du concours qu'il aurait pu demander aux gens du
Soûf, car le chef de l'annexe du bureau arabe à Tougourt
lui interdisait le voyage d'El-Ouâd, où cependant M. Joubert était allé deux fois ce même mois, et où il avait été
parfaitement accueilli, la situation était réellement mena-
çante dans l'ouest. La suite de cette lettre le montre clairement.

« En effet, à Ouarglâ, où je suis allé passer quelques jours
sur l'invitation de l'agha Mohammed Ben Edrîs, de passage
ici en se rendant à Biskra, je n'ai pu trouver de Cha'anba
pour me conduire, et du reste, en eussé-je trouvé, j'aurais
attendu avant d'entreprendre le voyage avec eux. Et voici
pourquoi. Dans la rhazia que Si Sa'îd Ben Edrîs, frère de
l'agha d'Ouarglâ, a exécutée au mois d'août sur la zemâla du
chérîf Boû Choûcha, il a eu le malheur, que vous déplorerez
sans doute comme moi, de brûler la cervelle à un chef des
Touâreg Ahaggâr, nommé 'Aâti, qui avait accompagné le
chérif jusqu'à Hâssi Târgui, lieu de la rhazia. Je n'ai pu savoir à quelle tribu appartenait ce chef : Si Sa'îd s'est borné
à me dire qu'il était de grande famille. *A la suite de cette
mort, les Ahaggâr ont fait savoir à l'agha que la paix qui ré-*

gnait entre Touâreg et Cha'anba était rompue, et qu'ils exerce-
raient leur vengeance sur tous ceux qui, de près ou de loin,
touchent à l'agha et à sa famille. Je ne suppose pas que leur
vengeance s'exercerait jusque sur un Français (1), par le
seul fait que Si Sa'ïd est le représentant des Français à
Ouarglâ, mais vous m'approuverez assurément de vouloir
éviter à tout prix le concours des Cha'anba pour mon voyage
dans la direction du sud.

» Quant à Matmâta, il est bien certain qu'il ne s'y trouve
plus de Touâreg depuis longtemps : les Cha'anba d'Ouarglâ
y sont campés en ce moment. »

« L'agha d'Ouarglâ est un lieutenant de spahis, de la
tribu des Çahâri, près Biskra. Il a été élevé au collége arabe
d'Alger, parle français, et est marié à la française. C'est un
homme fort intelligent, qui m'inspire toute confiance et qui
m'a témoigné beaucoup d'intérêt. Sur mon invitation expresse, M. Soleillet va se rendre à Ouarglâ avant de se diriger sur El-Golêa'a : son voyage, en effet, n'est possible qu'à
la condition qu'il se présente à 'Abd el-Qâder Ould Bâ Djoûda
avec la protection de l'agha qui est en relations constantes
avec lui. »

Le voyage à Ouarglâ de Dournaux Dupéré lui fournit
l'occasion de signaler un fait important, l'ouverture d'un
commerce régulier entre cette oasis algérienne et le Tidî-
kelt, par l'initiative de la famille prépondérante à In-
Çâlah.

« Je dois vous apprendre qu'un commencement de relations commerciales s'est établi entre Ouarglâ et In-Çâlah,
grâce aux efforts persévérants de l'agha Mohammed Ben
Edris. Au commencement du mois (de décembre 1873), trois
membres de la famille des Oulâd Bâ Djoûda sont venus à
Ouarglâ, apportant différents produits tels que plumes d'au-

. (1) J'ai soutenu énergiquement l'opinion contraire dans une lettre datée
du 17 janvier, que M. Dournaux Dupéré reçut à Tougourt le 29 janvier 1874.
                                                        H. D.

truche, ânes, moutons, et en sont repartis au bout de dix jours, après s'être munis de menus objets achetés à Ouarglâ même, chez un Français nommé Deville, qui fait partie de la maison de l'agha. Une autre caravane, plus forte, est attendue prochainement d'In-Çâlah, composée également d'Oulâd Bâ Djoûda. On l'attendait plus tôt, et c'était dans l'espoir de la trouver que j'ai entrepris mon dernier voyage à Ouarglâ. C'est là, en effet, une excellente occasion d'avoir des renseignements tant sur la situation au Sahara que sur les dispositions des habitants. A mon retour du Soûf, surtout si je ne réussis pas à y trouver des guides, je me propose de passer à Ouarglâ, au cas où ladite caravane serait arrivée. »

Dournaux Dupéré connaissait le projet de voyage de M. Soleillet à In-Çâlah, et c'est ce qui l'a détourné de la route passant par le sud-ouest. Il écrivait le 29 décembre :

« Au dernier moment, on m'apprend que M. Soleillet a renoncé de faire son voyage au Touât... Je vais écrire au commandant supérieur de Biskra pour avoir des nouvelles positives, car si réellement ce voyage ne doit plus avoir lieu, je ferais mon possible pour toucher au Touât, en profitant des bonnes relations de l'agha d'Ouarglâ avec les Oulâd Bâ Djoûda. »

Dans le sud-est, chez les Touâreg Azdjer, la situation était loin d'être favorable à un voyage d'exploration. Dournaux Dupéré donnait déjà de Biskra les indications suivantes :

« Le cheïkh 'Othmân est mort à la Mekke (1) il y a trois ans. Ikhenoûkhen et El-Hâdj Ahmed, chef du Ahaggar, vivent encore tous deux. D'après des renseignements donnés, au printemps dernier, à M. Isma'yl Boû Derba, par des négociants d'In-Çâlah venus à Constantine, une lutte aurait éclaté il y a dix-huit mois (donc vers le mois de mai 1872)

(1) Dournaux Dupéré corrigea plus tard cette mention. Le cheïkh 'Othmân mourut dans le Sahara, peu de temps après son retour du pèlerinage, en 1870.   H. D.

entre Ikhenoûkhen et Eg Ech-Chîkh (1)... Les Ahaggar, ou tout au moins une partie d'entre eux, auraient secondé Eg Ech-Chîkh, qui, grâce à leur appui, aurait vaincu Ikhenoû-khen. A la suite de ce fait, un accord aurait été ménagé entre les partis, et la paix régnerait pour le moment entre les différentes fractions. »

Poursuivant néanmoins la réalisation de son premier projet, l'exploration du cours de l'Igharghar, du massif du Ahaggar et de la route de l'Algérie à Timbouktou, Dournaux Dupéré écrivait encore dans la même lettre :

« En résumé, je suis maintenant en quelque sorte bloqué à Tougourt. La situation doit s'éclaircir d'ici à peu de temps du côté du Soûf, et, en tout cas, je n'attendrai pas au delà de quelques jours pour m'y rendre. Je tiens en effet essentiellement à remonter l'Igharghar au moins jusqu'à Timâssanîn, malgré les efforts qu'on fait ici pour m'en dissuader ; je désire surtout ne pas laisser passer la bonne saison sans faire une partie de la route. *Je considère du reste comme purement imaginaire une partie des dangers dont on me croit menacé, tant au Soûf que sur l'Igharghar* (2). Dès que j'aurai reçu de Sîdi Ma'ammar les deux lettres que lui et son frère doivent me donner pour Ikhenoûkhen et pour un autre chef târgui qu'ils ne m'ont pas désigné, je me mettrai en mesure de partir. Mon intention est d'arrêter guides et chameaux non plus seulement jusqu'à Timâssanîn, mais jusqu'à Rhât, afin de me placer tout d'abord sous la protection d'Ikhenoûkhen. De Rhât je me propose d'aller jusqu'à la sebkha d'Amadghôr et à Idélès, mais seulement avec une

(1) Dournaux Dupéré ne se rappelait pas avoir jamais lu le nom de ce chef dont il devinait cependant la tribu. Frappé d'un lapsus aussi grave, puisqu'il s'agit du chef des Imanghasâten, principal soutien du parti des Imanân, rivaux d'Ikhenoûkhen, je lui envoyai immédiatement mon livre *les Touâreg du Nord*, et lui expliquai dans une lettre tout ce qui se rattache à l'attitude politique des Imanghasâten.   H. D.

(2) Cette idée était malheureusement passée à l'état de conviction chez M. Dournaux Dupéré. Elle revient, plus fortement accentuée, dans une autre lettre.

protection efficace. Je vous remercie très-vivement des lettres nombreuses que vous m'avez envoyées pour être remises aux personnages les plus influents du Sahara; je crois qu'elles m'aideront beaucoup, surtout si, comme je l'espère toujours, je puis recevoir, avant mon départ, un sauf conduit du sultan du Maroc.

» Tout en vous remerciant d'avoir poussé la sollicitude au point de m'envoyer un exemplaire de votre ouvrage, je regrette que vous ayez supposé que j'avais pu partir sans m'en être pourvu. Je dois vous dire que la première fois que j'ai lu votre ouvrage, c'est au Sénégal, en janvier 1870; depuis lors, et surtout dans ces derniers temps, je n'ai cessé de le consulter, et si à Constantine je ne l'avais pas sous la main pour vérifier si le nom d'Eg Ech-Chîkh y figurait, c'est que j'avais déjà expédié mes bagages sur Biskra. Quant à la rivalité existant depuis longtemps entre Orâghen et Imanghasâten, je la connais, et c'est ce qui m'a fait penser tout d'abord que ce chef était celui des Imanghasâten, quoique mon informateur n'ait pas pu me le dire, pas plus que la cause de la dernière lutte. Seulement M. Boû Derba semblait croire qu'elle avait été provoquée par les prétentions imprévues d'Ikhenoûkhen.

» A Ouarglâ, on ne sait absolument rien sur les Azdjer; les relations entre cette ville et le sud-est sont nulles depuis plusieurs années; on n'a pu rien me dire ni sur leurs chefs, ni sur leurs campements. Ce n'est qu'au Soûf, et par des Toroûd, que je pourrai avoir quelques informations. Je ne suis pas fâché, sous certains rapports, de cette situation, car il vaut mieux qu'il n'existe aucune relation entre Ouarglâ et l'Azdjer que d'en avoir qui seraient peut-être assez mauvaises.

» (30 décembre). Le courrier qui vient d'arriver m'apporte votre lettre contenant l'historique des rivalités entre les tribus des Orâghen et des Imanghasâten. Les nouveaux détails que vous me faites connaître sur l'état politique des

Azdjer me seront fort utiles par la suite, et je vous remercie d'avoir pensé à me les communiquer. J'aurai soin d'en tenir compte dans mon voyage. Comme vous me le recommandez, je suis résolu à m'appuyer en ᵗout état de cause sur Ikhenoûkhen et sur les siens. »

On verra, par une lettre du 13 janvier 1874 (1), comment M. Dournaux Dupéré dut renoncer à aller dans le Soûf, et les dispositions qu'il prit pour commencer, dès Tougourt, son exploration en pays inconnu, en compagnie d'un compatriote, et avec des Arabes du Soûf. Parmi ces derniers était Ahmed Ben Zerma, qui, en conséquence du licenciement des *goûm* de l'Algérie, se trouvait sans emploi depuis le 1ᵉʳ janvier.

Bien que possesseur d'une fortune qu'on évalue à 150 000 francs, tant en argent qu'en propriétés, Ahmed ne pouvait pas rester inactif. Son ambition était de mériter et d'obtenir un qâïdat.

« Je vous écris cette lettre sur les instances d'Ahmed Ben Zerma. Il consent à m'accompagner jusqu'à Rhât, et à me louer des chameaux jusqu'à cette ville, dans l'espoir que ce nouveau voyage lui assurera les récompenses qu'il n'a pas obtenues et qu'on lui avait promises, dit-il, à la suite de sa première expédition en votre compagnie. Voici, dans tous ses détails, l'arrangement qui a été conclu et grâce auquel je compte partir avant la fin du mois :

» Ahmed Ben Zerma forme une association avec un négociant français établi à Tougourt depuis deux ans, en vue de faire des échanges avec Rhât. Ce négociant, M. Joubert, nous accompagnera à Rhât avec un de ses chameaux. Notre caravane se composera de six chameaux et de huit hommes, y compris mon garçon et celui de M. Joubert. Tous ces hommes, choisis par Ahmed parmi les gens de sa tribu et connus de lui, seront des hommes sûrs. Il s'engage de

(1) Écrite de Tougourt à M. H. Duveyrier.

même à trouver un khebîr ou guide chez les Oulâd Seïh (tribu de Sîdi Ma'ammar) pour nous conduire jusqu'à Timâssanîn. A la zaouîya (de Timâssanîn), nous espérons trouver un Târgui qui nous mènera jusqu'à Rhât : il y a lieu de croire qu'en cette saison il y a à la zaouîya même, ou dans les environs, des Ifôghâs qui pourront remplir cet office. A Rhât nous nous séparerons. M. Joubert et Ahmed Ben Zerma reviendront au Soûf en passant par Ghadâmès, et je continuerai mon voyage autant que possible dans la direction de Timbouktou. Je ne pouvais certainement espérer un plus grand succès, et je me réjouis grandement de commencer mon expédition dans des conditions aussi favorables. Tout cela n'a pas été obtenu sans de longs pourparlers, mais grâce au concours dévoué et intelligent de M. Joubert, j'espère que tout ira bien. Ahmed et M. Joubert comptent aller ensemble à Paris à leur retour de Rhât.

» J'aurais voulu aller au Soûf pour me rendre compte de l'état réel de ce pays et décider les principaux habitants d'El-Ouâd à prendre part à l'entreprise de mes deux compagnons, mais le chef intérimaire du bureau arabe de Tougourt m'a informé que le gouverneur a donné l'ordre formel d'empêcher ce voyage, en raison de la situation du pays... Je crois inutile d'insister, vu le peu d'intérêt que j'ai à faire cette course... Ahmed Ben Zerma et M. Joubert (lequel est revenu du Soûf il y a trois jours) m'assurent que tout est tranquille de ce côté et que les Toroûd seraient très-heureux que j'allasse les voir.

» Nous attendons l'arrivée d'un commandant d'état-major, M. Bois, de l'état-major du gouverneur, lequel est envoyé ici comme inspecteur. Nous étions au Sénégal à la même époque.

» J'ai encore vu ce matin Sîdi Ma'ammar, auquel j'ai fait remettre votre lettre avant-hier par Ahmed Ben Zerma. Il m'a promis de vous répondre prochainement (1); il m'a re-

_____
(1) Aucune réponse de Sîdi Ma'ammar ne m'est parvenue.　　H. D.

nouvelé sa promesse de me donner des lettres pour Ikhe-
noûhhen, El-Hâdj Ahmed, El-Hâdj Djabboûr (lequel est
cheïkh de Rhât depuis la mort d'El-Hâdj El-Amîn, survenue il y a cinq ans). Le fils d'El-Hâdj Djabboûr est venu
à El-Ouâd il y a deux ans, avec deux autres Touâreg, lesquels sont morts près d'ici, à Taïbât, de la petite vérole.
Ils avaient été amenés par Naçer Ben Kîna. Celui-ci paraît
disposé à venir avec nous, mais je ne puis rien vous assurer
à ce sujet avant notre départ définitif. J'ai fait remettre vos
lettres à leurs destinataires, et je viens d'apprendre que
celle qui était destinée à Ahmed Bel-Touâti lui a été remise
en cachette, dans sa prison. L'affaire du qâïd n'a pas avancé
d'un pas depuis quinze jours, et nous sommes ici dans
l'attente du général Liébert, commandant la division de
Constantine, qui paraît vouloir faire une tournée dans le
sud de la province, mais rien n'est sûr.

» J'ai appris que Mohammed El-Thenî, agent consulaire
de France à Ghadâmès, est mort. Des Ghadâmésiens venus
ici il y a quelques jours m'ont appris que les Imanghasâten
sont actuellement à Ghadâmès et les Orâghen à Rhât. Je ne
puis savoir quel est le chef des Ifôghâs ; Sîdi Ma'ammar
m'a dit ce matin que depuis quatre ans il était sans nouvelle
des Touâreg (1).

» D'autre part, M. Soleillet m'a annoncé son départ d'Alger pour Laghouât à la date du 27 décembre. Je lui ai écrit
immédiatement pour l'engager à ne pas aller directement
de Laghouât à El-Golêa'a, comme il en manifeste l'intention,
mais de toucher barre à Ouarglâ, où il trouvera des renseignements et un protecteur dévoué et sérieux dans l'agha
Mohammed Ben Edrîs. »

Dans une autre lettre, écrite de Tougourt (2), Dournaux Dupéré exprime son regret au sujet de l'absence de

(1) Allégation, qui venant d'un personnage de la zaouïya de Tâmellâht, est
inadmissible.
(2) Le 29 janvier 1874, et adressé à M. Duveyrier.   H. D.

M. le capitaine Tanchot, chef de l'annexe de Tougourt, alors en congé, qui connaissait à fond les hommes et les choses du pays, et aurait pu lui prêter le secours précieux de son expérience. A ce moment, Dournaux Dupéré était persuadé que si M. Tanchot avait été présent à Tougourt, il aurait pu aller à El-Ouâd, où il n'aurait couru aucun danger. M. Joubert l'assurait que les Toroûd auraient été très-désireux de le voir parmi eux, et qu'ils ne comprenaient pas qu'on l'empêchât d'aller dans leur pays. Lui-même annonçait que, grâce à l'intervention du commandant d'état-major M. Bois, chargé par le gouverneur de prendre le commandement de l'annexe, il avait fini par obtenir de Sîdi Ma'ammar les quatre lettres de recommandation pour Ikhenoûkhen, El-Hâdj Ahmed, El-Hâdj Djabboûr et Sîdi Mohammed El-Bakkâï. Voici quelle était alors l'impression produite sur Dournaux Dupéré par les marabouts de la zaouîya de Tâmellâht : « L'un, Mohammed El-'Aïd, reste en dehors de la politique. A mon retour d'Ouarglâ, je suis allé lui rendre visite et lui ai porté les lettres de recommandation du gouverneur et du général Liébert. Ce jour-là, je vis également Sîdi Ma'ammar. Ce dernier vient souvent à Tougourt. Il m'a toujours montré une apparence de bienveillance dont je ne suis pas dupe, car certainement, au fond du cœur, *mon voyage ne lui plaît pas*. Je lui ai fait un cadeau composé d'un nécessaire de parfumerie, d'une jumelle de théâtre, et, sur sa demande, je lui ai envoyé ce matin une paire de gants en laine. En somme, il ne m'est point hostile. »

Avant de sortir hors du territoire algérien dans une direction qui était celle du pays des Azdjer, Dournaux Dupéré prit des informations plus précises sur la situation politique des tribus azdjer et de leurs voisines du Ahaggar. Ces renseignements lui furent donnés par l'agha d'Ouarglâ, par Naçer Ben Kîna, et par Cha'ïb Bel-Madâni, ce dernier de la tribu des Cha'anba Boû Roûba (Zîdi par la fraction), qui avait été le guide de la colonne de Galiffet à El-Golêa'a, et qui passe pour connaître très-bien le Sahara. Nous laissons la parole à Dournaux Dupéré :

« De ces trois informateurs, votre ancien compagnon, Naçer, est le plus sûr. Il est retourné une ou deux fois à Rhât depuis votre voyage, et s'est tenu en relation avec les Touâreg, ainsi qu'il vous le dira sans doute dans la lettre qu'il va vous écrire aujourd'hui. Il connaît tous les chefs, m'accompagne à Rhât, et m'assure qu'il n'y a rien à craindre jusque là.

» D'après lui, Guemâna (ancien chef suprême des Ahaggar) est mort depuis sept ou huit ans. El-Hâdj Ahmed (Ben El-Hâdj El-Bekrî, frère de Si 'Othmân) est chef de tous les Ahaggâr. Le chef actuel des Ifôghâs est Koussa, cousin germain du cheïkh 'Othmân (1). Comme Chaïb Bel-Madâni, il dit : Chikât, fils d'Anfou, est le chef des Tedjéhé-n-Esakkal ou Oulâd Mesa'oûd. 'Aati, tué par Sa'îd Ben Edrîs, était son frère. Les Oulâd Mesa'oûd sont les ennemis de l'agha d'Ouarglâ et des Français. Ils seraient tous entre El-Golêa'a et le Ahaggar; il n'y en aurait point au delà d'Idélès, sinon accidentellement. Les Oulâd Mes'aoûd sont avec le chérîf Boû Choûcha. *Celui-ci est parti d'In-Çâlah il y a quelque temps, avec une centaine de mehâra ou chameaux de course, se dirigeant vers Ouarglâ, dit-on.* A ce sujet, l'agha m'a assuré que je pouvais aller sans crainte d'Ouarglâ à El-'Achîya.

» 'Abd el-Qâder Ould Bâ-Djoûda, chef d'In-Çâlah, est en très-mauvais termes avec Boû Choûcha. L'agha d'Ouarglâ prétend avoir reçu de 'Abd el-Qâder Ould Bâ Djoûda une lettre dans laquelle celui-ci le remercie en quelque sorte d'avoir débarrassé le pays de 'Aati, qui était un mauvais garnement. »

(1) Le cheïkh 'Othemân est mort sans enfants, c'est pourquoi son successeur a été le fils de sa sœur, comme dans le droit târgui. Autrement, le cheïkh 'Othmân, en homme de religion, aurait laissé son pouvoir spirituel et temporel à ses fils.　　　　H. D.

Il faut observer ici que les Oulâd Mesa'oûd, comme les Cha'anba, sont depuis longtemps les clients religieux des Oulâd Sîdi Ech-Cheïkh d'Algérie.

On voit par les dernières lignes de cette lettre que Dournaux Dupéré était au courant du mouvement des partisans de Boû Choûcha ; seulement il croyait comme l'agha d'Ouarglâ que la lutte se passerait entre Ouarglâ et In-Çâlah, et que, par conséquent, aucun danger venant de l'ouest ne le menacerait une fois qu'il aurait dépassé à l'est le méridien d'Ouarglâ. Cependant, dès son arrivée à Ghadâmès, il transmettait rétrospectivement certaines indications qui paraissent maintenant avoir de la gravité.

« Au moment de partir de Tougourt, j'ai reçu une lettre de l'agha d'Ouarglâ m'annonçant la prochaine arrivée de deux Touâreg envoyés par El-Hâdj Ahmed (chef du Ahaggar) à Sîdi Mohammed El-'Aïd pour lui apporter des présents, et renouer les relations interrompues depuis 1870. C'est là un heureux événement qui contribuera peut-être à me permettre d'arriver à Idélès. »

On ne recherchera pas ici les traces de ces deux ambassadeurs. Mais on constatera que bientôt après le départ de Dournaux Dupéré de Tougourt, Boû-Choûcha fit une incursion sur le territoire algérien, aussi avant que Matmâta, et que lui et ses bandits durent se croiser de très-près avec Dournaux Dupéré.

Outre leurs compagnons nés au Soûf, Dournaux Dupéré et M. Joubert avaient dû emmener deux Cha'anba pour les guider à travers le labyrinthe des dunes d'El-'Erg. C'est à ces deux Cha'anba que Dournaux Dupéré voulut confier sa correspondance pour la porter en Algérie, mais dans un post-scriptum à la première lettre qu'il datait de Ghadâmès, il dit qu'au dernier moment il croit devoir retarder l'envoi de son journal de route jusqu'au retour de ses compagnons de Rhât, cette occasion lui paraissant *plus sûre*.

La réception qui attendait les deux voyageurs français à

Ghadâmès de la part des autorités fut bonne. Dournaux Dupéré écrit (1) : « J'ai reçu, ainsi que mon compagnon M. Joubert, un excellent accueil du moûdir Si Mouçtafa ».

C'est alors que les deux voyageurs entamèrent immédiatement des négociations en vue de la continuation de leur marche sur Rhât. Et dans la même lettre Dournaux Dupéré communique les résultats de ses premières entrevues avec des Touâreg Azdjer :

« Il n'y a pour le moment à Ghadâmès que des Imanghasâten, hostiles à Ikhenoûkhen, et trois Ifôghâs. D'après tous les indices, je serai obligé d'envoyer un courrier à Ikhenoûkhen, actuellement à Rhât avec tous les siens, pour le prier de m'envoyer ici cinq chameaux avec des hommes sûrs.

» Mon intention est, en partant de Ghadâmès', de me rendre à Rhât par la zaouîya de Timâssanîn et Mîherô; mais je ne sais pas encore jusqu'à quel point je serai maître de choisir mon itinéraire. »

Il ajoutait dans un post-scriptum ces détails significatifs quant à l'erreur fatale dans laquelle lui et l'agha d'Ouarglâ étaient restés au sujet des dangers que les affaires de l'ouest pouvaient créer sur les routes à l'est et au sud-est de Ouarglâ : « Je viens d'avoir une conférence avec des Ifôghâs, dont l'un, Khlâs, jeune homme d'environ vingt-cinq ans, est parent d'Ikhenoûkhen, et serait, d'après Naçer, l'héritier du pouvoir de Koussa, chef actuel des Ifôghâs. Il m'a inspiré beaucoup de sympathie et s'est engagé à nous conduire à Rhât. *D'après lui et son compagnon Si Ahmed* (je ne sais pas encore les noms paternels de ces deux Ifôghâs), *il serait imprudent de se rendre actuellement à Timâssanîn, en raison du peu de sécurité qui règne de ce côté. Khlás m'a conseillé d'aller directement à Rhât, en m'assurant qu'il me serait facile d'aller ensuite de Rhât à Mîherô, Idélès,* etc. C'est ce que je compte faire. »

_____

(1) Lettre de Ghadâmès, le 20 février 1874, à M. H. Duveyrier.

Une autre lettre (1) explique les nouveaux obstacles que Dournaux Dupéré et M. Joubert voyaient alors seulement se dessiner clairement devant eux, mais dont leurs appréciations optimistes leur cachaient encore la gravité.

« J'ai pu prendre ici quelques renseignements auprès des Touâreg sur la situation générale des Azdjer. Aujourd'hui encore cette situation est dominée par la rivalité d'Ikhenoûkhen et d'El-Hâdj Djabboûr. La lutte qui a éclaté entre eux ne date pas de deux ans seulement, ainsi que des Toutiens l'ont annoncé à M. I. Boû Derba, mais remonte à la mort du chef des Imanghasâten, Eg Ech-Cheïkh, survenue il y a sept ans (donc en 1867). Eg Ech-Cheïkh avait deux sœurs, dont l'une est mère de Fnaït, neveu de Kelâla (2) et cousin d'Ikhenoûkhen dans la ligne masculine, et dont l'autre est femme d'El-Hâdj Djabboûr et mère de Khetâma. A la mort d'Eg Ech-Cheïkh, Fnaït, soutenu par Ikhenoûkhen, revendiqua la perception des droits de protection (3) sur une partie des Ghadâmésiens et des négociants de quelques autres points. El-Hâdj Djabboûr soutint les prétentions de son fils Khetâma à ces mêmes présents. De là un *mia'âd* (rendez-vous pour tenir conseil), à la suite duquel Khetâma, homme turbulent et fort emporté, paraît-il, porta plusieurs coups de poignard à son concurrent. Celui-ci et les siens firent main basse sur les chameaux de Khetâma. Puis il y eut quelques combats dans lesquels périrent cinq Orâghen et neuf Imanghasâten; parmi ceux-ci deux fils d'El-Hâdj Sîdi, frère d'El-Hâdj Djabboûr. Ces combats ont eu lieu il y a plus de cinq ans. Depuis lors il n'y a pas eu de lutte ouverte et à main armée : El-Hâdj Djabboûr, son fils et les Imanghasâten qui ont pris parti pour lui se tenant hors de la portée d'Ikhenoûkhen. En ce moment, El-Hâdj Djabbour

---

(1) De Ghadâmès, le 18 mars 1874, adressée à M. Duveyrier.
(2) Kelâla est celui des chefs orâghen qui est le plus riche en serfs, et peut-être le plus puissant après Ikhenoûkhen.
(3) Dournaux Dupéré emploie le mot arabe *tahrir*.   H. D.

et son fils sont réfugiés dans les montagnes du Ahaggar, non loin d'Idélès. Quelques jours après mon arrivée ici, un homme des Imanghasâten, Mohammed Eg Brâhîm, est parti de Ghadâmès, chargé par les négociants d'une mission dans le but d'amener une réconciliation entre les deux partis, réconciliation dont El-Hâdj Ahmed (ben El-Hâdj El-Bekrî) serait l'arbitre. En cas de succès, le mîa'âd aurait lieu à Rhât.

» Grâce à cette situation troublée, j'ai dû renoncer à me rendre de Ghadâmès à Timâssanîn pour gagner de là Mîherô et Rhât. Les deux Ifôghâs que j'ai trouvés ici, Khlâs Eg Mahi et Ahmed Eg Entmady (?), m'ont déclaré que cette voie ne serait pas abordable tant qu'El-Hâdj Djabboûr et son fils seraient de ce côté. Sur leurs avis, j'ai donc renoncé à prendre cette direction. Je leur ai loué cinq chameaux qu'ils sont allés chercher à Timâssanîn, et ils me conduiront à Ikhenoûkhen, campé en ce moment entre Rhât et Serdélès. Ikhenoûkhen n'est pas venu à Ghadâmès depuis la mort d'Eg Ech-Cheïkh.

» Mohammed Eg Hatîta, Elegoui, Ouitîti, et Mohammed Eg Jebboûr, chef des Ihadhanâren (1), sont morts, ainsi que 'Omar El-Hâdj, fils d'Ikhenoûkhen, et deux de ses filles, dont Touraout.

» Les quelques Touâreg (Ifôghâs et Imanghasâten) que j'ai vus ici se souviennent parfaitement du traité de Ghadâmès et s'en félicitent. Les uns et les autres sont très-désireux d'aller à Alger, et même en France, où ils comptent recevoir des présents semblables à ceux que le cheïkh 'Othmân en avait rapportés. Je me propose d'utiliser leurs dispositions à Rhât, en profitant du retour en Algérie de M. Joubert, de Naçer et d'Ahmed Ben Zerma, pour leur adjoindre trois ou quatre Touâreg qui pousseront jusqu'à Al-

(1) Mohammed Eg Jebboûr n'était pas le chef de la tribu des Ihadhanâren, mais bien le chef des Imanân, le *roi fainéant* des Touâreg du Nord. La position qu'il aurait prise en appuyant son autorité méconnue sur la pire de toutes les tribus touarègues explique suffisamment cette confusion.

ger, et même en France, si les autorités le jugent nécessaire. Depuis le cheïkh 'Othmân aucun Târgui n'a paru à
Alger, et le moment est des plus favorables à une reprise
sérieuse des relations avec eux. »

Les deux Ifôghâs, Khlâs et Ahmed, étaient les individus
que Dournaux Dupéré devait naturellement choisir pour
aller, de sa part, trouver Ikhenoûkhen. Ils partirent en effet
dans ce but.

« Khlâs et Ahmed ont promis d'être de retour ici pour le
20 mars. Nous partirons un ou deux jours après pour Rhât;
en suivant la route du milieu, qui, à ma connaissance, n'a
pas encore été explorée. Selon toutes probabilités, pendant
mon séjour à Rhât, aura lieu le mîa'âd de réconciliation, et
peut-être El-Hâdj Ahmed (chef du Ahaggar) viendra-t-il lui-
même à Rhât.

» Quoi qu'il en soit, les avis que j'ai recueillis ici me donnent lieu d'espérer que, de Rhât, je pourrai me rendre à
Idélès, et peut-être même d'Idélès directement à Timbouktou. Je ferai les plus grands efforts pour obtenir ce résul-
tat, quelques risques que présente un si long trajet au milieu des Ahaggar; il importe seulement que les fonds ne
me manquent pas.

» Un Timbouktien, en ce moment à Ghadâmès, El-Hâdj
El-Mokhtâr, m'a donné des renseignements sur la situation
du Soudân central. Hammâdi, fils d'Ahmed El-Bakkaï,
exerce le pouvoir à Timbouktou depuis un an; les Foulbé
n'ont plus aucune autorité dans cette ville depuis les guer-
res d'El-Hâdj 'Omar. Hamd-Allâhi serait aujourd'hui une
ville déserte et ruinée; le souverain actuel du Massina, Ba
Lebbo, réside à Saredina, sur le Niger. Il partage le pouvoir
avec un de ses cousins, Samba Djemba; tous deux vivent en
très-bons termes avec les Bakkaï. Ahmed Bâba, fils d'Ahmed El-Bakkaï, est chef de l'Adrâr, au nord de Timbouktou. Le fils d'El-Hâdj 'Omar, Ahmadou Cheïkou, est toujours
maître du Sêgou.

» Tous les renseignements que j'ai recueillis me représentent comme très-facile la route d'Idélès à Timbouktou. Si donc, comme je l'espère, El-Hâdj Ahmed veut bien me seconder dans mon projet, je pourrai aller directement d'Idélès à Timbouktou par des chemins entièrement nouveaux.

» Il va sans dire que les affaires du Soûf n'ont aucune ramification par ici.

» El-Hâdj Ech-Cheïkh, que le docteur Nachtigal a indiqué comme ayant assisté impassible à l'assassinat de mademoiselle Tinné, est bien de la tribu des Orâghen et parent d'Ikhenoûkhen. Il vit ordinairement entre Rhât et le Fezzân. L'homme de la tribu des Imanghasâten qui m'a donné ce renseignement est 'Aïssa Eg Moûmen, un de vos compagnons de Rhât à Mourzouk, avec Ikhenoûkhen, dont il est parent éloigné. Il m'a demandé à aller à Alger avec Khlâs. Ne sachant si Ikhenoûkhen sera satisfait de le voir figurer dans cette caravane, je lui ai répondu qu'il fallait attendre l'assentiment de celui-ci. Je ne serais pas fâché, quant à moi, qu'un homme de la tribu des Imanghasâten allât à Alger, si la réconciliation se fait entre eux et Ikhenoûkhen. Cette grande tribu est à cheval sur les deux routes d'Ouarglâ à Rhât et de Ghadâmès à Rhât que voyageurs et commerçants français sont obligés de suivre; et à ce titre, il serait à désirer que nos rapports avec eux fussent aussi bons que possible. J'ai fait à 'Aïssa Eg Moûmen, à El-Hâdj Sîdi et au fils de celui-ci des présents en nature et en argent, montant en tout à cent francs. Ils les refusèrent d'abord comme insuffisants, alléguant que nous devions traverser leur territoire; mais sur mon affirmation qu'ils n'auraient rien de plus, et que je n'étais qu'un voyageur scientifique (tâleb), ils revinrent le soir chercher ces cadeaux. Depuis lors, mes relations avec eux ont été bonnes.

» L'an dernier (1873) a eu lieu près de Ghadâmès un combat entre une cinquantaine d'Ourghâmma (1) et treize

(1) Dournaux Dupéré écrit ce nom Ourr'oumma.

Touâreg, dont douze Ifôghâs et un Imanghasâten, l'Aïssa
Eg Moûmen. Les douze Ifôghâs, et parmi eux le successeur
du cheïkh 'Olhmân, El-Hâdj Bechchaoui, furent tués; Aïssa,
couvert de blessures, resta pour mort sur le champ de ba-
taille. La cause de cette lutte fut une rhazia faite par les
Ourghâmma sur les chameaux des Touâreg.

» Le 16 est arrivée ici une caravane venant de Rhât; elle
nous a apporté la nouvelle de la mort d'Edegoum (1), survenue à El-Barkât, quelques jours avant le départ de la caravane...

» (27 mars). Les Toroûd vont partir ce soir. Je reprends
donc cette lettre, interrompue depuis douze jours, pour vous
communiquer quelques nouvelles. Vous devez avoir appris
par les journaux la rhazia faite par Boû Choûcha à Matmâta
quelques jours après mon départ de Tougourt, son combat
avec l'agha d'Ouarglâ, et la défaite de celui-ci. Khetâma, le
fils d'El-Hâdj Djabboûr, dont je vous ai parlé au commencement de cette lettre, est arrivé à Ghadâmès il y a quelques
jours et a annoncé que dans la bande de Boû Choûcha,
forte de près de deux cents hommes, se trouvaient *onze*
Imanghasâten et une vingtaine d'Oulâd Mesa'oûd, les uns et
les autres agissant en dehors de leurs chefs. Khetâma m'a
fait très-bon visage et m'a proposé même de me conduire
directement à Idélès, mais je n'ai pas cru devoir accepter
cette offre, en raison de sa qualité de chef des Imanghasâten,
et d'ennemi (pour le moment) d'Ikhenoûkhen. »

Dournaux Dupéré agissait fort sagement en refusant
l'offre de Khetâma, malgré la confiance, bien naturelle à une
autre époque, qu'aurait pu lui inspirer le fils d'un homme
auquel il était recommandé par Sîdi Ma'ammar. Khetâma
allait bientôt lever le masque. Voici comment Dournaux
Dupéré raconte le brusque changement d'attitude de ce chef

(1) Edegoum, homme juste et vaillant, était le frère puîné d'Ikhenoûkhen.

dans la dernière lettre qu'il ait écrite la veille de son départ de Ghadâmès (1) :

« Je profite d'une nouvelle occasion pour vous envoyer cette courte lettre avant de partir de Ghadâmès. Mes Ifôghâs sont arrivés le 3 courant, et nous devions partir ensemble pour aller rejoindre Ikhenoûkhen, campé maintenant dans l'Amsâk. Mais au moment de partir, Khetâma, fils de Djabboûr, et les autres Imanghasâten actuellement ici, vinrent signifier aux Ifôghâs défense de nous conduire à Rhât. Nous eûmes donc une longue discussion avec ces Imanghasâten qui, devant le moûdîr, me demandèrent 5000 francs pour droit de passage. Je les envoyai promener, et, d'accord avec les Ifôghâs, je leur déclarai que s'ils se présentaient sur la route, ils recevraient des balles, et rien de plus. Au moment où je vous écris, tout est calmé. Les Imanghasâten ont baissé pavillon et sont venus me déclarer qu'ils n'avaient ainsi agi et parlé que pour bien démontrer à tous qu'ils étaient maîtres du chemin de Rhât, et non pas Ikhenoûkhen, mais que nous pouvions voyager en toute sé-curité où nous voudrions. Je crois en effet qu'ils y regarde-raient à deux fois avant de nous attaquer, d'abord parce qu'ils ne sont pas en force, ensuite à cause des consé-quences qu'une attaque aurait pour eux, au point de vue de leurs relations avec les Orâghen, les Ifôghâs et les Toroûd. Malgré tout, je crois devoir emmener quatre Ifô-ghâs au lieu de deux qui devaient d'abord former notre escorte. Nous partirons demain par la route de Gadhâ-mès à Oubâri. Ceci m'éloigne un peu de l'itinéraire que je m'étais tracé avant mon départ, à un moment où je comptais sur le cheïkh 'Othmân pour m'ouvrir la route, et sur beaucoup d'autres choses qui m'ont toutes fait défaut, à commencer par un peu de sécurité dans le sud de l'Algérie. Vous savez, depuis longtemps, l'issue peu heureuse du

(1) Datée du 6 avril 1874, et adressée à M. H. Duveyrier.

voyage de M. Soleillet à In-Çâlah; j'espère que cette fâcheuse nouvelle, qui nous est parvenue d'In-Çâlah même, il y a quelques jours, n'influera pas défavorablement sur la suite de mon propre voyage! »

M. Dournaux Dupéré écrivait en post-scriptum : « Au moment de fermer la lettre, j'apprends que Sa'îd Ben Edrîs, frère de l'agha d'Ouarglâ, est parti à la fin de février, avec trois cents hommes, à la poursuite de Boû Choûcha. Je désire qu'il réussisse à mettre la main sur le chérîf, *mais Dieu veuille que, de toutes ces prises d'armes, ne résulte pas pour moi un surcroît de difficultés.* »

Ces nouvelles et la querelle avec les Imanghasâten durent être prises en considération, car il paraîtrait que Norbert Dournaux Dupéré et M. Joubert, au lieu de partir le 7 avril comme l'annonce cette lettre, restèrent encore à Ghadâmès jusqu'à la date du 12. Ils paraissent s'être avancés d'abord sur la route ordinaire de Rhât, qui se confond avec celle d'Oubâri dans les premières stations : puits d'In-Tafarasîn, Nâga ou Beniyetha, le puits de Mâssîn et l'Ouâdi Dja'abet edh Dhîb, qui se dirige à l'est, où il va se perdre dans les sables, et qui sert de gîte à la quatrième marche. La cinquième étape est dans une vallée parallèle à la première, que les Touâreg désignent sous le nom d'Aghahar Mellen, « l'ouâdi blanc ». En supposant que les voyageurs aient fait chaque jour une étape, et on peut le croire, vu les raisons majeures qui les engageaient à arriver au plus tôt près d'Ikhenoûkhen, c'est donc, selon le moment de la journée, à Dja'abet edh Dhîb ou à Aghahar Mellen qu'ils ont été tués par des Châ'anba insoumis, le cinquième jour après leur départ de Ghadâmès, 17 avril 1874, à une ou deux journées de marche dans le nord du puits d'In-Azhâr, où le chemin d'Oubâri bifurque dans l'est.

Les circonstances du crime ne sont pas encore bien connues, mais il est permis dès ce jour de rechercher sur quelles têtes pèse la culpabilité, en résumant les faits qui peuvent

aider à découvrir les coupables, ou à expliquer, un événement qui nous laisse de si vifs regrets. Ces regrets sont bien
justifiés d'ailleurs par l'importance du problème que Dournaux Dupéré voulait résoudre, autant que par les travaux
que publie aujourd'hui le *Bulletin*, et qui sont un gage de
ce qu'on était en droit d'attendre de la suite de l'exploration.

La situation politique du Sahara central créait deux dangers pour Norbert Dournaux Dupéré et Eugène Joubert.
Ils couraient le risque de périr sous les coups des partisans
de Boû Choûcha, ennemis de la France, comprenant les
Cha'anba révoltés, les Touâreg Tédjéhé Mellen (Ahaggar)
et quelques Imanghâsaten (Azdjer); et, comme Français,
par conséquent en qualité d'alliés d'Ikhenoûkhen, chef des
Orâghen, ils couraient le risque d'être tués par les alliés de
son rival, chef des Imanghasâten.

On voit que le nom des Imanghasâten se retrouve dans
les deux partis hostiles à la France.

Une dernière question grave se pose, savoir : ces deux
partis n'avaient-ils pas des intelligences même dans le
Sahara algérien?

Répondre à cette question serait empiéter sur les droits
du tribunal qui sera chargé de faire une enquête. Ce serait
agir avec une précipitation blâmable. Je rapproche donc
simplement des faits.

Le chérîf Boû Choûcha s'appuie sur les oasis sud du
Touât, où sa politique n'est désapprouvée que par le chef
d'In-Çâlah. C'est d'une de ces oasis, de l'Aoulef, qu'est
parti, en 1872, le rhezî qui rase, à Bîr Tôzeri, les chameaux
des Arabes algériens. En janvier 1873, c'est d'In-Çâlah que
part Boû Choûcha pour faire une rhazia *dans l'est*. Au mois
de février, un détachement de sa bande, ou la bande en-
tière, coupe à Matmât la route de Dournaux quelques jours
après son passage. Les Cha'anba Boû Roûba qui font partie
de cette bande trouvent, à Matmât, des bergers de leur
tribu qu'ils peuvent forcer, par intimidation, à leur don-

ner des nouvelles des voyageurs français. Après cette agression, Si Sa'îd Ben Edrîs, à la tête de ses contingents, se lance à la poursuite de la bande de Boû Choûcha.

Les ennemis d'Ikhenoûkhen, chef des Orâghen et ami des Français, sont : El-Hâdj Djebboûr, dont la politique a été précisée à l'occasion de l'assassinat de mademoiselle Tinné (1); et les Imanghasâten, qui ont pris parti pour El-Hâdj Djebboûr; ils ont cherché un refuge dans le Ahaggar, d'où ils ont des rapports faciles avec Boû Choûcha.

Au même moment, l'action politique de Sîdi Ma'ammar Ben El-Hâdj-'Ali, directeur de fait de la zaouîya de Timâssanîn, est l'objet de soupçons graves, fondés ou non fondés. On laisse entrevoir qu'il n'est peut-être pas tout à fait étranger à l'assassinat d'un serviteur de la France; ses rapports avec le représentant français de l'autorité à Tougourt sont tendus. Malgré cette situation, Dournaux Dupéré fait remettre à Sîdi Ma'ammar et à Sîdi Mohammed El-'Aïd les lettres que le gouverneur de l'Algérie et moi leur avons écrites pour le placer sous leur protection et les prier de lui accorder tout leur appui pendant son voyage. Sîdi Ma-'ammar promet de répondre à ma lettre; il ne l'a pas fait.

Norbert Dournaux Dupéré et Eugène Joubert commencent leur voyage sur l'Igharghar, s'arrêtent à Tâmellâht pour prendre congé du marabout. En recevant leurs adieux, Sîdi Ma'ammar donna à Dournaux lui-même deux lettres de recommandation, dont l'une est pour le chef des Ifôghâs, qui combattaient, en 1873, à côté des Imanghasâten, et dont l'autre est pour un ennemi personnel d'Ikhenoûkhen, pour le chef des Imanghasâten, qui a quelques-uns de ses guerriers dans la bande de Boû Choûcha. Dournaux était là, devant le marabout, avec son guide, homme illettré, Naçer Ben El-Tâhar (ou Ben Kîna), l'un des membres de la confrérie dont Sîdi Ma'ammar dirige les

_____

(1) *Bulletin,* février 1870.

destinées politiques. C'est à Naçer, et non à l'un des deux Français, que Sîdi Ma'ammar remit une troisième lettre écrite *à des personnes de Rhât* dont Dournaux n'apprend même pas le nom.

Plus tard, tandis que Dournaux Dupéré et M. Joubert cheminent sur la route de Ghadâmès, arrivent à Ouarglâ deux Touâreg chargés par le chef suprême du Ahaggar, El-Hâdj Ahmed Ben El-Hâdj El-Bekri, frère de Si 'Othmân et membre de la confrérie d'El-Tidjâni, de porter un message au marabout de Tâmellâht.

Enfin, au moment où les voyageurs allaient partir de Ghadâmès avec quatre Ifôghâs pour aller trouver Ikhenoûkhen, c'est le fils d'El-Hâdj Djabboûr, ce chef que nous savons réfugié dans le Ahaggar avec les Imanghasâten, ennemis d'Ikhenoûkhen, qui font cause commune avec Boû Choûcha, c'est le fils de ce chef qui, après des efforts infructueux pour s'imposer à eux comme guide et les entraîner vers le Ahaggar, oppose son véto au départ de Dournaux Dupéré et de M. Joubert, et profère contre eux des menaces.

Le 17 avril, les quatre voyageurs algériens sont assaillis par des ennemis. Sur les quatre hommes que le destin avait rendus solidaires, que les règles admises dans le Sahara obligeaient à faire cause commune en cas d'attaque, un seul échappa à la mort qui est le sort des trois autres, et cet homme, c'est Naçer Ben El-Tâhar.

PARIS. — IMPRIMERIE DE E. MARTINET, RUE MIGNON, 2

www.ingramcontent.com/pod-product-compliance
Lightning Source LLC
LaVergne TN
LVHW022154080426
835511LV00008B/1383